성경통독

성경통독

Read Through Bible

최한주 목사 편집

"하나님은 모든 사람이 구원을 받으며
진리를 아는 데에 이르기를 원하시느니라"
디모데전서 2:4

도서출판 영문

서문

예수 생명을 가진 사람들

겨자씨는 가장 작은 씨앗이지만
풀보다 커서 나무가 되고
새들의 보금자리가 된다고 했습니다.
생명이 있기 때문입니다.

그리스도인은 예수 생명을 가진 사람들입니다.
예수 생명을 가진 사람들도 자랍니다.
생명은 눈에 보이지 않지만 성숙이 있고 미래가 있습니다.

그리스도인의 생명을 자라게 하는 양식이 하나님의 말씀입니다.
그래서 사도 베드는 흩어진 성도들을 향하여
"오직 우리 주 곧 구주 예수 그리스도의 은혜와
그를 아는 지식에서 자라가라
영광이 이제와 영원한 날까지 그에게 있을지어다" (베드로후서 3:18)
라고 하였습니다.

영적 생명이 자랄 때 하나님께 영광이 됩니다
성경통독을 통하여 영적 생명이 자라고
하나님께 영광 되는 그리스도인이 됩시다.

최 한 주 목사

목차

성경을 통독하려 할 때

하나님이 소원하시는 두 가지 디모데전서 2:4

1. 구원–전적인 하나님의 은혜

2. 진리를 아는 자–우리의 헌신과 힘씀을 통해 얻어진다(벧후 3:18).

※ **구원받은 성도** → 이제 진리를 알고 그 진리에 따라 행하는 성도

첫째 : 성경이 하나님의 말씀임을 믿어야 한다

하나님이 우리가 진리를 알기를 원하시는 것은 진리인 성경이 하나님 자신의 말씀이기 때문이다. 하나님은 성경에 자신의 모습과 사람들을 향한 바램과 장차 될 모든 일에 대하여 기록하셨다. 그러므로 우리가 이것들을 알기를 원하셨다.

1. 성경이 증거

성경에는 "하나님이 이르시되"(창1:3,6,9,11 ~)라는 표현이 약 2,000회나 등장한다.

어떤 저자도 자기를 하나님의 말씀이라고 주장하지 않는다. 하나님이 정신이상?

예수님 증거(누가 11:28)

2. 성경의 보존성

각 시대에 절대 권력자들(황제, 공사주의자들)은 하나님을 싫어해서 때마다 성경을 불태웠다. 그러나 지금 남아 있을 뿐만 아니라 1,250개의 언어로 번역되어, 매년 3,000만권 이상 보급 되고 있다(마 24:35).

3. 성경의 다양성과 통일성

- 성경은 약 40여명의 저자가 기록 하였으며, 그 기록 년대와 장소는 각기 다르다.
- 구약은 약 1,500년 신약은 100년 정도의 시간 동안에 기록되었다.
- 이들은 모두 동일하게 예수 그리스도에 관하여 기록하고 있다.
- 예수님의 과거, 현재, 미래에 관하여 분명하게 기록되었고 이는 66권의 주제다.

4. 성경의 모든 예언이 그대로 성취되었다.

- 예수님과 관련한 내용이 300여 회나 되는 데, 모두 이루어졌다.
  예) 창 3:15, 갈 4:4~5, 미가 5:2, 마태 2:1
- 다시 오신다는 예언은 아직 성취되지 않았으나 기록된 대로 그 징조는 나타난다.

5. 성경의 전지성

과학이 발달할수록 성경의 내용이 사실임이 밝혀지고 있다(욥 26:7).

예) 의학계는 모든 육체가 같다고 생각하고 있었다. 그러나 1930년에서야 비로소 다름을 발견 하였다. 성경은 이미 이를 말씀하고 있었다(고전 15:39).

6. 성경의 솔직성

위대한 인물의 약한 모습을 그대로 드러낸다.

예) 베드로, 바울, 모세, 다윗

7. 성경을 묵상하면 하나님의 권능의 임재를 경험한다.

- 말씀을 읽는 가운데
- 말씀을 들을 때
- 악한 방향으로 임하는 것이 아니다. 전적으로 선하고 의로운 방향으로 임한다.
- 이는 하나님의 선하심을 나타내는 것이다.

하나님의 소원이 무엇임을 아는가?

나는 하나님의 소원을 이루어드리는 자녀인가?

하나님은
모든 사람이 구원을 받으며
진리를 아는 데에 이르기를
원하시느니라

— 디모데전서 2:4 —

둘째 : 성경이 어떻게 만들어졌는가를 이해해야 한다

베드로후서 1:16~21

성경은 하나님의 뜻과 생각을 기록하였기 때문에 성경이라고 한다. 그러나 이단의 책(몰몬경, 코란–꾸란)과 같이 완성된 한 권의 책으로 주신 게 아니다. 오랜 세월 동안(구약 1,500년 신약 100년) 40여명의 저자를 통해 기록되었다. 소위 직통계시나 문자적 계시(biblicism)가 아니다. **그러면 주전 1,500년 전부터 기록되어져 온 성경이 어떻게 우리들에게 전달되었는가?**

1. 구약성경

제일 먼저 기록된 모세오경을 비롯한 구약성경들이 성문서로 성막이나 성전에 보관되었다. 여기에 필요에 따라 후대에 이르러 끝부분이 약간 덧붙여 진 것도 있다(신 34:5~6). 그러나 이스라엘의 불순종으로 바벨론에 포로가 되었을 때, 성경의 원본이 없어졌다.

포로 후에 에스라가 흩어진 성경을 다시 모으고 성전에 보관된 성경과 합하여 사본을 만들었다. 회당에서 규칙적으로 성경을 읽고 암송하게 했다. 이것이 구전으로 전해졌다.

기록된 성경을 중심으로 **원본, 사본, 역본**으로 나눈다.

1) **원본**은 원저자가 기록한 성경으로 한 권이다. 그러나 현재 없어졌다.
2) **사본**은 필사자들이 원본이나 사본에서 옮겨 쓴 성경으로 현재 수만권에 이른다. 그 중 가장 오래되고 권위 있는 사본은 시내사본, 바티칸 사본, 알렉산드리아 사본이다. 특별히 시내사본은 신약성경까지 수록한 유일한 사본이다.

3) **역본**은 인쇄술이 발명되고 난 뒤에 대량으로 인쇄되어진 성경을 가리킨다.

〈참고자료〉

많은 사람들에게 알려지지는 않았지만 시내산 아래에 보배와 같은 수도원이 있다. 바로 성 케더린 수도원이다. 모세가 떨기나무를 보고 가까이 갔을 때 "네가 선 곳은 거룩한 땅이니 네 발에서 신을 벗어라"는 말씀을 들은 곳이며 애굽을 향해 나아가 하나님의 백성 이스라엘을 구원하라는 소명을 받은 곳이다. 지금도 그곳에는 모세가 보았다고 하는 같은 떨기나무를 볼 수 있다. (다음 장 계속)

성 케더린 수도원은 4세기 비잔틴 왕후인 헬레나가 로마의 기독교 박해가 극심하던 3세기에 이집트의 알렉산드리아에서 순교한 케더린이란 성녀의 이름을 따 지은 이름이다. 이상하게도 1,600여년이 흐르는 동안 온갖 침략자들이 바뀌어가며 지배했지만 모든 지배자들이 이 수도원만은 아무도 해하지 못하게 했다. 기적이라고 한다.

과거에는 이 수도원에 한 번 들어가면 나오지 못하였다. 음식물은 바구니에 넣어 밧줄로 끌어올리고 내리므로 조달하였다. 단 한번 사본 기록을 영구 보존하기 위하여 몇 사람의 수도승이 외부에 나가 마이크로필름 찍는 기술을 배워 온 것 외에는 바깥세계와는 완전히 단절된 은둔생활을 해 왔다. 그래서 납골당에는 천 수백 년 동안 이곳에서 수도했던 수도사들의 해골이 쌓여 있다.

그러나 무엇보다 더 유명한 것은 가장 오래된 시내산 사본이 있었던 곳이기 때문이다. 이 수도원에는 성경 필사본과 성화, 삽

화, 십자가 등 3,500여 점으로 바티칸 다음으로 많다. 이 모두가 기독교사와 관련된 중요한 자료들이다. 그 중에 시내산 사본은 최고의 보물이다.

이 사본을 발견하게 된 배경에는 이런 일화가 있다.

1844년 독일 신학자 뒤센도르프가 수도원에 머물게 되었다. 그때 한 동자 수도자가 책을 찢어 불쏘시개를 하는 것을 보았다. 예감이 이상하여 동자가 가진 책들을 받아 보니 성경 사본이었다. 주후 3세기에 기록된 사본 역사상 가장 오래된 시내산 사본이었다. 후에 뒤센도르프가 러시아 황제에게 기증하였으나 재정 상황이 좋지 못했던 러시아는 이후 영국에 팔아 지금은 대영 박물관에 보관되어 있다. 이런 쓰라린 경험이 있기 때문에 수도원 도서관은 외부 사람에게는 일체 공개되지 않고 겹겹이 자물쇠로 채워졌다. 지금도 시내산을 찾는 성도들은 이 수도원을 꼭 찾는다.

2. 신약성경

예수님 당시 뿐 아니라 예수님 돌아가신 후 약 20년 동안 신약성경이 없었다.

1) 예수님과 같은 시대에 살기 때문에 구태여 기록할 필요가 없었다.
2) 말씀을 낱낱이 기록하는 것은 어려웠다. 그러므로 기록할 필요성을 갖지 못했다.
3) 주님의 재림이 곧 이뤄질 것으로 생각하였기 때문이다.

그러나 시간이 점차 흐르면서 교회에 문제가 생겼을 때 사도들을 비롯한 지도자들이 직접 간다는 것은 너무 힘든 상황이었다. 그래서 자연히 편지를 써서 신실한 제자들 편으로 보내어 성도들 앞에서 읽게 하므로 문제를 해결하였다. 이 편지를 기점으로 성경이 생기게 되었다. 제일 처음 기록한 신약성경은 바울이 고린도에서 1년 6개월 머물면서 데살로니가 교회에 보낸 데살로니가 전서다.

복음서의 저자들은 예수님이 돌아가신지 30여년이 지나면서 예수님의 행적과 말씀을 기록해야 할 필요성을 느끼게 되었다. 마가복음은 예수님의 일생을 기록한 복음서이고 AD 66~70년 경에 기록되었다.

3. 66권의 성경

수많은 기록들 중에 구약 39권 신약 27권으로 성경이 구성되었다.

오늘날과 같이 27권을 신약성경으로 확정한 것은 카르타고 종교회의(AD 397년)에서였다.

4. 성경의 전달과정

1) 구전 – 암송을 통해 전달

2) 갈대로 만든 파피루스

3) 양피지

4) 70인 역 → 라틴어 벌게이트 성경 → KJV (종교개혁과 인쇄술 발명) → 수많은 번역본들

• 원문과 일치하도록 번역에 힘쓰다 보니 다양한 번역본이 존재하게 되었다.

셋째 : 성경 전체의 맥락을 이해해야 한다

우리가 하나님의 말씀으로 믿고 고백하는 성경이 어떻게 구성되어 있는가?

1. 약속에 따라 구분하는 법

구약 : 메시아이신 예수님이 오실 것에 대한 약속

창세기 ~ 말라기 → 39권

모세오경 (5권) : 창세기 ~ 신명기

역 사 서 (12권) : 여호수아 ~ 에스더

시 가 서 (5권) : 욥 ~ 아가

선 지 서 (17권) : 이사야 ~ 말라기

• 대선지서 (이사야 ~ 다니엘), 소선지서 (호세아 ~ 말라기)

신약 : 오신 메시야에 대한 것과 다시 오실 것에 대한 약속

마태복음 ~ 요한 계시록 → 27권

복음서 (4권) : 마태복음 ~ 요한복음

역사서 (1권) : 사도행전

서신서 (21권) : 로마서 ~ 유다서

• 바울서신 (로마서 ~ 히브리 : 14권),
일반서신 (야고보 ~ 유다서 : 7권)

• 옥중 서신과 목회 서신이 있다.

예언서 (1권) : 요한계시록

우리가 가진 성경은 약속에 따라 배열된 성경기록이다.

2. 계시의 성격에 따라 구분하는 법

일반 계시 : 창세기 1장 ~ 창세기 12장

8가지의 시작을 통해 일반계시에 대하여 말씀하였다.

특별(구속) 계시 : 창세기 12장 ~ 요한 계시록 22장

3. 역사적인 흐름에 따라 구분하는 법

넷째 : 통독의 방향

본서는 역사적 방향으로 쓰여졌다.

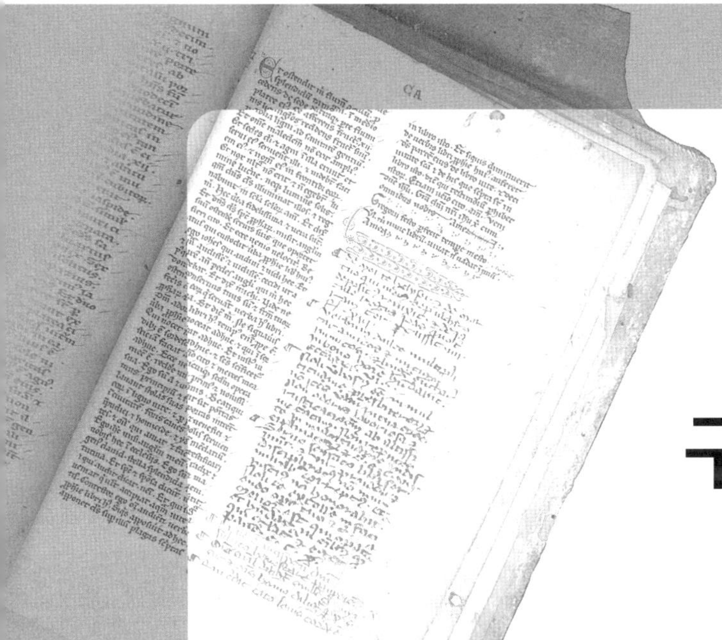

제 1 부
구약편

구약 성경 구조

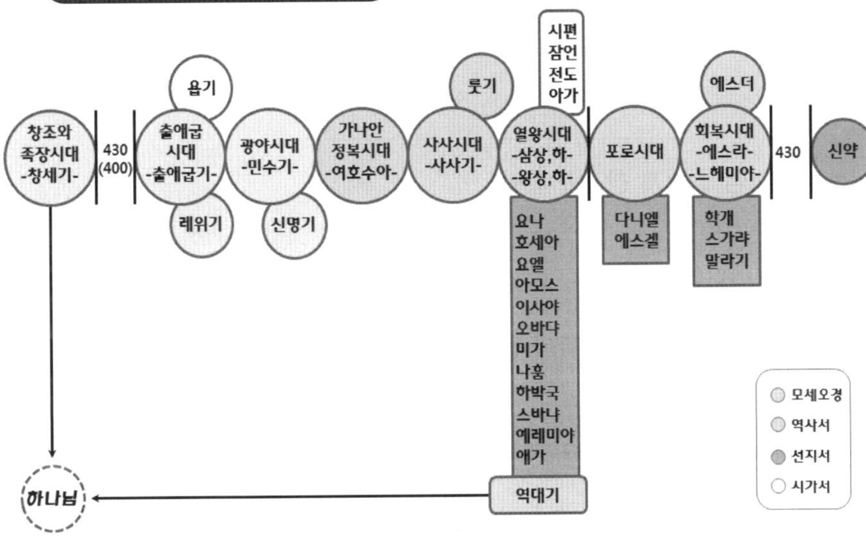

모세오경 비교

창세기	출애굽기	레위기	민수기	신명기
창조와 타락	구원	예배	생활	복
하나님의 기쁨 ↓ 죄의 고통	죄의 고통 ↓ 하나님의 영광	하나님께 드리는 최고의 영광	목적 있는 삶 ↓ 가나안	복과 저주
창 1 장 ↓ 창 50:22~26	출 1 장 ↓ 출 40:34~38	5대 제사와 제사장	광야에서	하나님의 말씀

창세기

하나님의 천지 창조와 타락

• 창세기는 하나님의 창조와 인간의 타락에 대한 말씀이다.

⇒ 1장과 50장 비교

그러므로 인류와 그 타락에 대하여 알아야 한다.

• 창세기에는 9 가지의 시작이 있다.

1. 물질세계의 시작 : 1장 → 1: 25
2. 인류의 시작 : 1:26 → 2:17
3. 가정의 시작 : 2:18 → 25
4. 죄의 시작 : 3:1 → 3:7
5. 죄를 지은 인간의 시작 : 3:8－24 (• 원시복음 창3:15)
6. 불신 문명의 시작 : 4:1 → 9:29
7. 국가의 시작 : 10장
8. 언어혼돈의 시작 : 11장
9. **선민을 통한 구속 계시의 시작 : 창세기 12장 → 요한 계시록 22장**

첫째 : 물질세계의 시작 (신앙고백의 기초－하나님의 창조) (1:1-25)

1. 진화론의 허구성

1) 성경이 하나님의 말씀이며 진리임을 믿는 것이 신앙생활에 가장 중요하다.

위협받고 있는 성경 : 창세기 → 과학자들에게서

요한계시록 → 신비주의자들에게서

신앙생활의 기초 : 창조론(창세기) → 신앙고백의 출발점

2) 성경이 하나님의 말씀임을 믿을 때 가장 방해가 되는 이론이 진화론이다.

〈창조론을 무너뜨리려는 이론〉

① 무신론적 진화론

② 유신론적 진화론

3) 진화론의 원리는?

1859년 다윈이 "종의 기원"을 발표함으로 시작됨

(아메바 → 연체동물 → 척추동물 → 사람)

4) 진화론이 이루어지려면?

① 우연발생설

원숭이가 임의로 컴퓨터 키보드를 쳐서 '원숭이'라는 단어를 입력하는 경우$1/103^{9}$=1/130경초 확률, 하루24시간 1초에 한번 두드려도 3600억년 소요

② 돌연변이설

돌연변이의 출현을 통해 새로운 종으로 진화 했다는 가설로 멘델의 유전법칙에 의해 우성이 열성을 지배함이 밝혀졌고, 돌연변이는

종의 생존에 불리한 경우로 나타나므로 생존에 유리하게 변하는 진화라고 볼 수 없다.

③ 자연 선택설(적자생존, 자연 도태, 양육강식설)

동종의 생물 개체 사이에 일어나는 생존경쟁에서 환경에 적응한 것이 생존하여 자손을 남긴다는 설로 실제 현상은 약자보다 강자가 오히려 빨리 멸종되고 있다.

약자가 강자보다 개체 수가 많고, 생존률이 높다.

(사자 vs 사슴, 고양이 vs 쥐, 독수리 vs 비둘기..)

④ 진화 과정에 있다는 설

5) 진화론을 뒷받침하는 화석 자료의 허구성

• **필트타운인** – 찰스 도슨이 1912년 원숭이와 사람 사이에 중간형태의 사람 두개골을 발견하여 50만년 전의 진화를 밝혔다며 세계를 떠들썩하게 하였다. 그러나 **과학의 발달로 개발된 불소연대측정법에 의해 최근에 죽은 사람의 뼈와 우랑우탄의 턱뼈로 조합된 교묘한 사기극으로 판명** 되었다.

• **네안델탈인** – 1856년 독일에서 20만년 두 발가진 류인원의 뼈를 발견하였다. 그러나 최근 분자생물학의 발달로 측정 결과 **유전학 비타민 결핍으로 구류병 환자로 판명** 되었다.

(비가 많은 독일은 곱추의 발생률이 높다)

• **네브라스카인** – 1922년 쿡이 이빨 한 개를 주워 류인원이라고 발표하였다. 그러나 분자 생물학 측정 결과 **산돼지의 이빨**로 판명 되었다.

• **크로마뇽인** – 1868년 크료마뇽 동굴에서 발견하였는데, 독일 정밀조사팀이 **뼈가 발견된 지대가 500년 전 화산에 의해 생긴 지층임**을

밝혀냈다.

- **북경원인** – 한동안 진화의 근거로 주장되다 분자생물학의 발달로 최근에 자취를 감추었다.

6) 현재는 어떻게 진행되고 있는가?

① 로마 교황청 → "지적 설계론"

천주교 신자인 미국의 케네디 대통령은 교과서에 진화론을 받아들이도록 하였는데, 이 때 부터 인간 경시풍조가 일어나 히피와 갖가지 범죄가 발생했다.

2006년 9월 로마 교황청이 진화론에 제동을 걸고자 회의를 하였는데 그때 지적 설계론을 도입하였다.

② 과학의 발달로 진화론이 거짓임이 점점 드러나고 있다.

그래서 점차 창조론으로 돌아가고 있다.

③ 그럼에도 계속 주장하고 있다.

이는 하나님을 대항하는 악한 영들의 역사다.

하나님의 창조하심을 믿는 분명한 신앙으로 담대해야 한다.

《 해결하지 못하는 진화론의 문제 》 **〈참고자료〉**

① 생명의 기원을 설명하지 못함 – 무에서 생명이 존재할 수 있는가? 아니다.

루이스 파스퇴르 – 우연히 생명이 존재하지 못함을 증명

② 고등 생물화 되는 것   생각하고 문명과 문화를 발전시키는 것은 오직 사람 뿐

③ 현재는 일어나지 않는다 – 100년의 역사 중에서 한 두 번은 일어나야 가능

- **해결하지 못하기 때문에 가설로 넘어간다. 그러므로 허구다.**

2. 창세기 1:1 / 물질세계의 창조(시간과 공간의 시작)

보이지 않는 세계

영원에서 → **보이는 세계 물질 세계** → **영원으로**

하나님의 창조
물질 세계의 시작
(창 1:1)

예수 그리스도의 재림
물질 세계의 마지막
(계 6:12~14, 18:21~22)

※ 영원의 세계

① 시간이 없다　　　　② 공간이 없다

③ 4차원의 세계 – 늙지도, 쇠하지도 않는 영원의 세계

3. 물질세계(창조)의 구체적 내용

• 하나님의 천지 창조에 대한 성경적 근거 1:1–25

대 주제 1:1				
첫째 날(3~5) 빛		→	넷째 날(14~19)	해, 달, 별
둘째 날(6~8) 궁창, 물		→	다섯째 날(20~23)	새, 물고기
셋째 날(9~13) 육지, 식물		→	여섯째 날(24~28)	짐승, 사람
하나님의 안식				

〈 성경의 증거 〉

※ 창조하신 날과 날의 사이

※ 노아 홍수로 말미암은 측정의 오류

◎ 하나님의 천지창조는 신앙고백의 가장 중요한 기초다.

예) 사도신경 신앙고백

4. 노아 홍수의 성경적 증거

① 사람의 수명 : 창세기 5장 → 창세기 11장

② 물의 양 : 창 7:11~12 → 창 1:6~7

둘째 : 인류의 시작 (1:26~2:17)

1. 인류의 시작과 끝

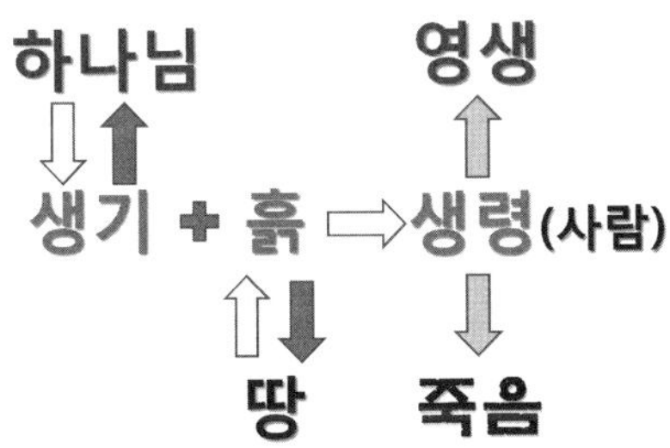

1) 사람의 형상(모양)은? (1:26~27)

에베소서 4:22~23 → 창조시의 형상 (의, 진리, 거룩)

골로새서 3:10 → 창조하신 자의 형상 (지식)

2) 사람에게 주신 사명? (1:28)

– 무엇을 위하여 살게 하셨는가? – 복된 삶을 위하여

① 생육하라 – be fruitful

② 번성하라 – increase in number

③ 충만하라 – fill the earth

④ 정복하라 – subdue the earth

⑤ 다스리라 – rule over the creature

셋째 : 가정의 시작(2:18~25), 교회의 비밀(엡 5:31~32)

성경은 예수 그리스도에 대한 계시의 책으로(요 5:39) 예수님의 모습이 그려져 있다. 일하시는 모습, 자상한 마음으로 보시는 모습, 악을 향하여 분노하시는 모습 등 다양한 주님의 모습이 그려져 있다. 그러므로 성경을 보는 목적은 성경 속에 그려져 있는 예수님의 모습을 발견하여 나의 주님으로 영접하는 데 있다.

1. 여자를 만드실 때

하나님이 아담을 깊이 잠들게 하시고 갈빗대를 취하여 여자를 만드셨다.

이 잠은 특별한 잠이다. 이를 통해 여자를 만드신 것은 둘째 아담인 예수님이 3일간의 죽음의 잠을 통해 교회를 만드심에 대한 계시이다. 옆구리를 헤집어서 갈빗대를 끄집어내어 여자인 신부를 만드신 것은 예수님께서 십자가에서 창에 옆구리를 찔리시고 물과 피를 아낌없이 부어주시므로 신부된 교회를 만드심에 대한 계시이다.[1] 이는 예수님과의 교회의 비밀을 밝혀주는 것이기 때문에 바울은 이렇게 말했다.

"이 비밀이 크도다. 내가 그리스도와 교회에 대하여 말하노라"[2]

2. 약속의 성격

아담의 갈빗대를 통해 아내를 만드신 것은 인류 역사상 단 한 번 있었던 사건이다. 단 한 번의 사건을 통해 남편이 아내를 맞는 영원한 규례를 정하셨다. 이제는 남자들이 아내를 맞기 위해 더 이상 갈빗대를 끄집어

---

1) 요한복음 19:34 "그 중 한 군병이 창으로 옆구리를 찌르니 곧 피와 물이 나오더라"
2) 에베소서 5:32

낼 필요가 없다. 한 번의 사건으로 아담 안에 있는 사람들에게 영원한 규례가 되게 하셨다.

우리가 아무리 큰 죄를 다시 짓는다 하더라도 또 주님이 갈보리산 십자가에 다시 못 박히실 필요가 없다. 한 번의 규례가 영원한 규례이기 때문이다.[3)]

3. 신부의 가치

하나님이 아담의 갈빗대로 여자를 지으시고 아담에게 데려왔을 때 아담이 여자를 보고 "이는 내 뼈 중의 뼈요 살 중의 살이라" 고 했다. 이 말의 뜻은 가장 요긴하다. 최상의 아름다움을 지닌 사람이라는 뜻이다.

아내는 남편에게 그 무엇보다 최상의 아름다움이다(시편 16:3).

예수님의 피로 구원받아 주님의 신부된 나 자신의 가치를 생각해 보라.

●분명한 신분의식 → 가장 영광스런 존재

●분명한 가치의식 → 최고의 존재

넷째 : 죄의 시작 — 인류의 타락 (3:1-7)

하나님이 왜 선악과를 주셨는가?

1. 선악과는 하나님이 "내가 주인이다"는 표시로 주셨다.

---

3) 히브리서 7:27-28 "그는 저 대제사장들이 먼저 자기 죄를 위하고 다음에 백성의 죄를 위하여 날마다 제사 드리는 것과 같이 할 필요가 없으니 이는 그가 단번에 자기를 드려 이루셨음이라. 율법은 약점을 가진 사람들을 제사장으로 세웠거니와 율법 후에 하신 맹세의 말씀은 영원히 온전하게 되신 아들을 세우셨느니라."

우주만물 창조하시고 다른 것은 다 아담에게 주셨다. 이 모든 것을 창조하신 분은 하나님이시라는 것을 인정하게 하는 것이 선악과다. 그러므로 아담과 하와는 선악과를 보면서 하나님이 주인이심을 인정하면서 살아야 한다. 이것을 명시하고 인감도장을 찍은 것이 선악과다. 그들의 삶 속에 눈에 쉽게 보이게 한 것이 선악과다.

2. 영광의 면류관이다.

모든 피조물은 지은 자에게 반응한다. 딸기는 까만 흙 속에서 나와도 빨간 색이다. 바닷물을 보라. 밀물과 썰물의 간만차이가 아무리 크더라도 결코 땅으로 올라오지 않는다. 이는 피조물이 조물주이신 하나님의 창조에 절대적으로 복종하는 것을 보여준다.

전구에 전기를 연결하지 않는 이상 불이 들어오지 않는다. 이것이 타율이다. 그러나 하나님은 사람을 그의 면류관[4]으로서 자율 하는 존재로 지으셨다. 이것을 보장해 주는 것이 선악과다.

장난감 강아지는 전지가 떨어지면 멈춘다. 타율이기 때문이다. 그러나 살아 있는 강아지는 그렇지 않다. 마찬가지로 사람이 선악과를 먹지 않게 만드셨길 기대하는 것은 자율을 빼앗는 것이다.

3. 실행 할 수 있는 것이다.

4. 일회성 명령이 아니다.

5. 그 속에 특이한 요소나 물질이 들어 있는 아니다.

---

4) 이사야 62:3, 스가랴 9:16

에덴동산에 있던 다른 나무들과 같다.

6. 고상한 것이 아니다. 철학을 해야 할 수 있는 게 아니다.

아담의 일상생활 중에 늘 있는 먹는 문제다.

> 선악과가 없는 종교가 매력 있는 종교라고 주장하는 사람들이 있다. 우리 종교의 신은 아무 것도 요구하지 않는다. 그러나 손님이 요구하는 것은 다 이루어 준다. 실제로 세상의 우상종교는 다 이와 같다. 알라딘의 램프와 같다. 전능한 종이 나타나 나의 요구만 받아주는 것이다. 나로 하라 마라 하지 않는 것, 즉 선악과 없는 종교는 인기가 있다. 바로 바알 종교와 같다.
> 하나님은 인류를 그의 면류관으로 창조하셨다. 자율을 주셔서 하나님의 형상대로 하나님을 경배하며 살게 하셨다. 그러나 사탄은 이것을 막아 부패하게 한다. 인간이 왕 되게 하는 것이 사탄의 전략이다.

다섯 : 죄를 지은 인간의 시작 (3:8 ~ 24 / ※ 원시복음 – 3:15)

여섯 : 불신 문명의 시작 (4:1 ~ 9:29)

일곱 : 국가의 시작 (10장)

여덟 : 언어 혼돈의 시작 (11장)

아홉 : 선민을 통한 구속 계시의 시작 (12:1~요한계시록 22장)

〈시대별 분류〉

족장시대	창세기
애굽시대	출애굽하기까지
사사시대	가나안에 들어가 왕을 세우기까지
왕정시대	사무엘 ~ 역대기
포로시대	에스겔, 다니엘, 에스더
예수 그리스도의 오심	복음서

※ 족장시대 : 아브라함 → 이삭 → 야곱 → 요셉

신앙의 특징 – 높은 산과 봉우리 → 초원 →계곡

1. 아브라함 12~25장 - 높은 산 봉우리

1) 부르심과 축복언약 (12:1~3)

2) 아브라함의 순종과 인간적인 노력 (12:4~20장)

롯 → 엘리에셀 → 하갈(이스마엘)

3) 이삭의 출생과 시험 (21~22장)

2. 이삭 21~27장 - 초원

1) 태어남 (21장)

2) 모리아 산의 제물로 드림 (22장)

3) 결혼 (24장)

4) 거짓말 (26장)

5) 어긋난 축복 (27장)

3. 야곱 25~50장 - 계곡

1) 출생 (25장)

2) 야곱의 적극적인 삶 (25~32장)

장자의 명분 (25:27~34)

아버지의 축복 (27장)

벧엘 에서의 서원 (28장)

사랑하는 아내를 얻기 위하여 (29장)

기업의 축복을 바라며 (30장)

하나님의 응답을 바라며 (32장)

3) 야곱의 불행과 가정 환란 (33~34장)

4) 야곱의 회복 (35장)

4. 요셉 (37~50장)

1) 유아시절 (37장)

2) 청년시절 (39장)

3) 장년시절 (41장, 애굽 총리)

4) 부모형제를 구원함 (42~49장)

5) 요셉의 회고와 죽음 (50장)

욥기

1. 주 제 : 시험 중에도 하나님을 경외함

2. 저 자 : 저자가 확실하지 않다.

3. 특 징

1) 많은 사람들이 욥기를 장엄하고 화려한 문체로 기록된 책으로 말한다.

루터 – "성경의 다른 어떤 책보다 더 장엄하고 우수하다."

2) 많은 사람들이 이 책은 가장 오래된 책이며, 야곱시대의 것으로 이야기한다.

– 출애굽에 관한 교훈이 없고, 욥의 생활이 족장의 생활 같은 점이다.

– 제사의 형태 (욥 1:5, 42:8)

– 화폐의 단위 (42:11–〉 창 33:19)

3) 우스(에돔, 애가 4:21) 출애굽 시 모세가 에돔 지역에서 들은 욥에 대한 기록이라 함 (어째든 욥은 실제의 인물이었고, 가공의 인물은 아니다.)

4) 욥기의 중요한 것은 고난의 신비로움이다. 왜냐하면 구약의 개념은 모든 고난이 죄로 말미암아 온다는 것이기 때문이다. 이것이 욥기를 통하여 바뀌었다. 고난의 참 의미를 경험하지 못한다면 어떻게 하나님을 닮을 수 있을까?

4. 내용분해

A. 욥의 고난과 원인 1장 ~ 3장

1) 욥의 신앙과 인품 (1:1~ 5)

2) 사탄의 시험 (1:6~2:10)

① 사탄이 하나님 섭리하시는 현 세상에 들어오는 것을 허락하셨다. 그러나 사탄이 할 수 있는 것과 할 수 없는 것에 대한 구별이 분명하다.

② 사탄의 이론은 욥이 하나님을 경외하는 것은 하나님에 대한 경외심 그 자체에 있는 것이 아니라, 그가 가진 것 때문이라는 것이다.

③ 하나님의 허락 하에 사탄이 욥을 여러 가지로 시험함.

약 1:12－14 → ●trial by test ●to be tempted by evil desire

3) 시험과 인내 (2:11~3장)

※ 욥의 인내에는 한계가 있었다. 그러나 욥은 하나님을 저주하지 아니하고 자신의 태어난 날을 저주하였다. 2:13에서 가장 괴로운 시기

B. 고난에 대한 부질없는 논쟁 4~37장

1) 엘리바스의 첫 번째 공박과 욥의 답변 (4~7장)

- 엘리바스 － 인간의 법칙에 따라 욥의 고난을 해석한다 자기 기준으로 욥을 정죄하고 욥의 고난을 하나님의 징계로 선포한다. (4~5장)
- 욥 － 결백을 증언하고 하나님께 호소함 (6~7장)

2) 빌닷의 첫 번째 공박과 욥의 답변 (8~10장)

● 하나님의 공의에 대한 빌닷의 변호와 역사와 자연을 인용한 증언 (8~9장)

● 욥 – 빌닷에 대한 욥의 대답 (10장)

3) 소발의 첫 번째 공박과 욥의 답변 (11~14장)

● 욥에 대한 소박의 책망과 친구들에게 노하는 욥의 자세

4) 엘리바스의 두 번째 공박과 욥의 답변 (15~17장)

● 악인의 운명에 대한 엘리바스의 묘사와 친구들의 어긋남에 대한 욥의 비탄

5) 빌닷의 두 번째 공박과 욥의 답변 (18~19장)

● 빌닷이 욥을 책망하고 악인의 비참함에 대하여 가르치다. 욥의 답변과 하나님에 대한 확신

6) 소발의 두 번째 공박과 욥의 답변 (20~21장)

● 악인의 비참함과 그 결국에 대한 공박과 욥의 답변

7) 엘리바스의 세 번째 공박과 욥의 답변 (22~24장)

● 엘리바스의 공박과 욥의 하나님에 대한 자기 고백

8) 빌닷의 세 번째 공박과 욥의 답변 (25~31장)

● 빌닷이 공박하나 오히려 욥이 자연에 나타난 하나님의 주권과 악인의 운명과 하나님의 지혜에 대하여 말하므로 주도권을 회복하였다.

9) 엘리후의 도전과 욥의 각성 (32~37장)

● 엘리바스, 빌닷과 소발이 욥 한 사람을 대처하지 못함을 보고 엘리후가 도전

※ 엘리바스, 빌닷, 소발 그리고 엘리후

이들은 모든 인간의 고난은 죄의 결과라고 주장한다. 욥을 위로하러 온 이들은 욥의 고난 역시 죄의 결과라 생각했다. 그런데 회개하지 않는 욥을 보고 책망하며 하나님 앞에서 회개하기를 촉구하였다. 이들의 논쟁은 몇 가지 특징이 있다.

① **엘리바스** – 꿈과 환상으로부터

② **빌닷** – 격언(잠언)으로부터

③ **소발** – 경험과 이성으로 논쟁을 시작

욥은 이들의 충고가 옳다고 인정하지만 자신은 죄가 없다고 주장한다. 21장에 서 욥은 악인이 때로 번성할 수도 있다는 것을 말한다. 마지막으로 찾아온 젊은 엘리후는 욥에게 고난은 하나님의 훈련이라고 하였다.

C. 하나님의 책망과 욥의 회개 38장~42:6

- 하나님의 책망 – 38:2
- 욥의 회개 – 42:5

※욥은 이 고난을 통하여 자신에게서 하나님 중심으로 옮겨가게 되었다. 잘 알려진 정상적인 자연의 섭리도 설명할 수 없는 인생이 어떻게 하나님이 행하시는 방법의 그 신비로움을 설명할 수 있겠는가? 하는 것이 그의 깨달음이다. 하나님은 고난의 신비로움에 대하여 직접 말씀하지는 않았다. 그러나 이것은 하나님을 의뢰하게 하는 믿음에 관한 것이다.

D. 결론 42:7~17

고난 중에 인내한 자에게 주시는 하나님의 은총

출애굽기 〈레위기와 출애굽기는 한권의 책〉

아브라함의 이동경로

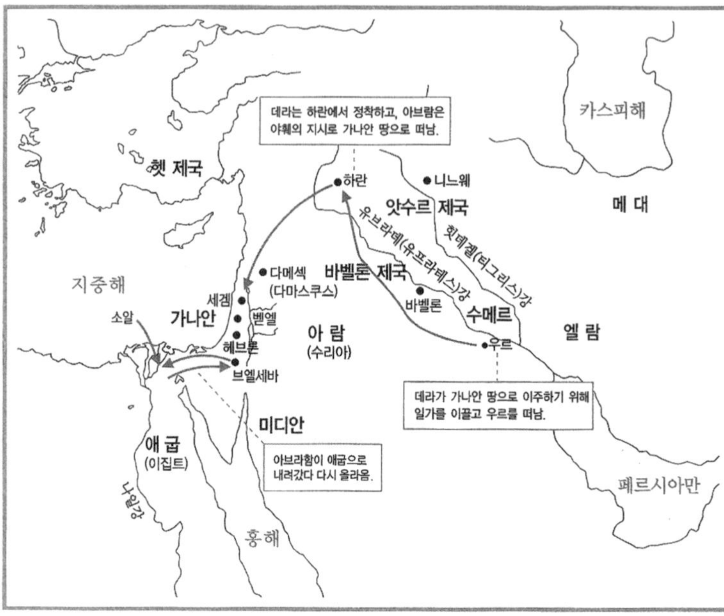

출애굽과 광야생활

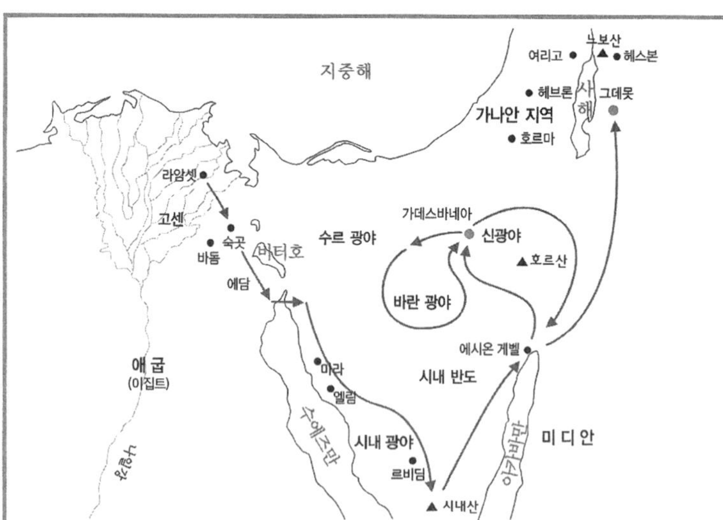

1. 모세 오경의 상관관계

성경	창세기	출애굽기	레위기	민수기	신명기
관계	창조 타락	구원	제사	광야훈련	은총의 길
핵심	죄	어린양	제사장	순종, 질서	말씀

2. 출애굽기의 핵심

노역과 고통 (1장) → 어린양의 피 (12장) → 영광과 찬양 (40장)

3. 출애굽기의 전체 내용

첫째 과정	둘째 과정	셋째 과정	넷째 과정	다섯째 과정
포로 상태	구원하심	교육과 훈련	헌신케 함	영광과 경배
바로에게	모세를 통해	광야에서	계명과 율법	성전을 통해
1장	2장~13:16	13:17~18장	19장~24장	25장~40장

4. 구체적인 내용

A. 첫째 과정 - 포로상태 - 바로에게 - 1장

- 바로는 이스라엘 백성에게 세 가지 명령을 내렸다.
  왜? 번식을 막기 위해

1) 첫째 명령 / 1:11 "짐을 지워 육체를 괴롭게 하라"

① 시간을 빼앗는다.

② 물질을 빼앗는다.

③ 힘(에너지)을 빼앗는다.

2) 둘째 명령 / 1:16 "과학(의술)을 통해 번식을 막아라"

① 의술의 발달

(인간 윤리 파괴 – 유전자 번식 – 인간복제를 향하여)

② 과학적인 사고로 신앙파괴

③ 과학만능주의(하나님을 대신하여)

왜? 번식을 막기 위해

3) 셋째 명령 / 1:22 "군대(힘)를 동원하여 번식하지 못하게 하라"

① 거대 정부를 통한 억압 (계시록 13:11~18)

② 적그리스도를 통한 억압

왜? 번식을 막기 위해

극복과 승리 / 12, 17절→2:1~10 "**바로의 명을 거절하여 더욱 번성하고 창성함**"

B. 둘째 과정 – 구원 – 모세를 통하여 – 2장~13:16

1) 준비 (2장)

• 모세를 준비케 하시는 하나님

• 인간의 의지와 힘으로 불가능함을 깨닫게 하시는 하나님

• 하나님을 의지하게 하시는 하나님

2) 부르심 (3~4장)

• 하나님의 능력을 경험하게 하시므로 순종하게 하심

– 떨기나무의 불꽃을 통하여(3:1)

– 하나님의 지팡이를 통하여(4:17~20)

3) 바로 앞에선 모세와 10가지 재앙 (5~10장)

- 모세에게 능력을 주신 하나님
- 모세와 그 사역을 위해 아론을 예비하신 하나님
- 모세와 아론이 연합하여 바로 왕을 대적하게 하시는 하나님

순서	성 경	재앙의 내용	바로의 반응
1	7:14~25		
2	8:1~15		
3	8:16~19		
4	8:20~32		
5	9:1~7		
6	9:8~12		
7	9:13~35		
8	10:1~20		
9	10:21~29		
10	11-12장		

※*애굽에 내려진 재앙은 **바로와 애굽 사람들에게는 심판**이었지만 **이스라엘 사람들에게는 구원의 메시지**이다. 죄 가운데 있는 인간에게 하나님은 언제나 엄위하시고 두려우신 **심판주**이시다. 그러나 하나님의 백성인 우리는 자비와 **은혜로우신 아버지**시다. 하나님의 백성으로 사는 것은 영광스러운 것이다. 그 하나님께 감사하고 나의 삶을 통해 경배하며 헌신하는 것은 정말 아름다운 일이다.*

4) 유월절과 이스라엘의 구원 (11~13:16)

- 장자의 죽음 예고 (11:1~10)
- 유월절 제정 (12:1~28)

• 장자의 죽음의 재앙과 출애굽 (12:29~42)

• 초태생의 구별 (13:1~16)

• 세 가지 중요한 음식 (12:8)

• 음식을 먹는 자세 (12:11)

• 어린양의 피는 어떻게? (12:7)

C. 셋째 과정 – 교육과 훈련 – 광야에서 – 13:17~18장

1) 인도자 : 불기둥과 구름기둥으로 인도하심 (13:17~22)

• 불기둥과 구름기둥은 무엇을 상징하는가?

• 나는 불기둥과 구름기둥 안에 거하는가?

2) 장벽극복 : 홍해를 건넘과 이스라엘의 찬양 (14:1~15:21)

• 장막을 치게 하신 장소 (14:1)

• 이스라엘의 반응 (14:10~12)

• 모세의 권면과 역사 (14:14~16)

• 이스라엘의 찬양 (15:1~21)

3) 소망 : 마라에서 엘림을 바라보라 (15:22~27)

• 마라의 뜻과 이스라엘의 반응 (15:23~24)

• 모세를 통한 역사 (15:25)

• 하나님의 예비하신 곳 (15:27)

4) 먹는 문제 : 만나와 메추라기 (16장) (※ 고전 10:3-4)

• 먹을 것에 대한 이스라엘의 반응 (16:2~3)

• 하나님의 응답하심 – 만나와 메추라기 (16:4)

• 그 백성의 욕심 (16:20)

• 먹는 것과 안식일의 교훈 (16:25~30)

5) 갈증 문제 : 반석에서 나온 샘물 (17:1~7)

• 물에 대한 백성들의 반응 (17:1~3)

• 반석의 의미 (고전 10:4)

6) 대적을 향한 자세 : 아말렉과의 전쟁 (17:8~16)

• 어떻게 승리할 수 있었는가?

• 여호와 닛시란?

7) 공동체의 질서 : 백성을 다스리기 위한 지혜 (18장)

• 누구를 통해 지혜를 얻었는가?

• 백성을 재판하기 위해 세운 제도는? (18:25)

*이스라엘의 광야 생활은 오늘날 그리스도인들이 사는 세상과 같다.

① 진리 때문에 불평과 원망에 빠진 것이 아니라 길과 먹고 마시는 것 때문이다.

② 끊임없이 불평과 원망으로 살았던 백성들의 모습이 우리의 모습이 아닌가?

③ 모든 일에 그리스도를 믿음으로 살아야 승리자의 삶을 산다.

④ 전쟁에 대한 교훈을 통해 교회가 어떻게 사탄을 대적해야 하는가를 가르쳐 준다.

D. 넷째 과정 - 헌신 - 계명과 율법 - 19~24장

1. 내 용

1) 시내산에 오른 모세 (19장)

• 말씀을 주시다.

• 계명과 율법은 하나님이 세우시려는 나라와 어떤 관계가 있는가? (19:5-6절)

① 제사장 나라 ② 거룩한 백성

2) 십계명 (20장)

3) 사회법 (21~23장)

① 종에 관한 법 (21:1~11) ② 폭행에 관한 법 (21:12~27)

③ 임자의 책임 (21:28~36) ④ 배상과 도덕에 관한 법 (22장)

⑤ 공평과 절기에 관한 법 (23장)

4) 시내산에서 언약을 세우다 (24장)

2. 어떻게 적용해야 하는가?

1) 계명과 율법의 내용

① 10 계명 : 절대 윤리의 법

② 의식(제사) 법 : 레위기에서 말씀하는 5대 제사

(번제, 소제, 화목제, 속죄제, 속건제)

③ 사회법 • 의식주에 대한 생활의 법

• 하나님의 백성들이 생활이 이방 사람들에게 본이 되는 법

2) 이 법을 오늘날 우리가 어떻게 적용해야 하는가?

① 구약의 법을 그대로 적용하는 삶 → 율법주의자(안식교)

• 한국교회가 주일을 지킬 때 율법주의적인 요소가 많다. 예) 주일성수

② 구약의 법을 무시하며 사는 삶 → 이성주의 신앙의 사람

• 자유주의 신학적인 사상을 가진 그리스도인들

③ 예수 그리스도 안에서 재조명해서 사는 삶 → 그리스도인

왜? • 예수님은 율법의 완성자시기 때문이다(마 5:17).

• 십자가에서 "다 이루었다" 고 (요 19:30).

3) 구약의 법을 예수 그리스도 안어서 어떻게 적용해야 하는가?

① 10 계명 → 예수 그리스도 → 사랑의 계명

• 마태복음 22:36~40

② 의식(제사)의 법 → 예수 그리스도 → 예배

• 요한복음 4:23~24

③ 사회법 → 예수 그리스도 → 교회법

• 교회를 통해 덕을 세우는 법 고전 10:31－33

4) 사회법과 그리스도인의 생활

• 특별히 음식에 대한 관점

E. 다섯째 과정 – 영광과 경배 – 성전을 통해 – 25~40장

1) 성소를 만들라 (25~27장)

① 증거궤 (25:10~22)
② 진설병과 두는 상 (25:23~30)
③ 등잔대와 기구들 (25:31~40)
④ 성막 (26장)
⑤ 제단 (27:1~19)
⑥ 등불관리 (27:20~21)

2) 제사장 (28장~29:37)

① 제사장의 옷 (28장)

② 제사장의 직분위임 (29:1~37)

3) 제단 (29:38~30장)

① 분향할 제단 (30:1~10)
② 놋 물두멍 (30:17~21)
③ 거룩한 향기름 (30:22~38)
④ 회막기구 (31:1~11)
⑤ 안식일 (31:12~17)

4) 이스라엘의 반역과 두 번째 돌판 (32~34장)

5) 하나님께 드림과 성막의 일꾼 (35장)

6) 하나님의 지시대로 성막을 만들다 (36~39장)

7) 성막 봉헌과 충만한 영광 (40장)

레 위 기

1. 내용

• 출애굽기에서의 연결 – "그리고 그가 부르시고"라고.

• 구원받은 백성들이 드리는 제사 – 성도들의 예배

• 제사의 중심말씀 – 거룩(87회)과 속죄(45회 이상)

2. 내용분해

하나님께 나아가는 방법 •	• 하나님께 나아가는 자의 삶
5대 제사 •	• 제사장과 백성들의 규례
1 ~ 7장 •	• 8 ~ 27장

A. 하나님께 나아가는 방법 – 5대 제사 1~7장

1) 번제(burnt offering)	1장 / 일상적인 예배
2) 소제(grain offering)	2장 / 헌신의 결단
3) 화목제(peace offering)	3장 / 낙헌제, 감사제, 수은제
4) 속죄제(sin offering)	4:1~5:13 / 갚을 수 없는 죄
5) 속건제(guilt offering)	5:14~6:7 / 갚을 수 있는 죄(5:16)

누가복음 19:8 삭개오

※ 기타 각 제사의 규례 (6:8~7:38)

① 레 1:1~2 "누구든지". 모든 예배자에게 적용되는 법칙. 오래 믿었기 때문에, 나는 목사이기 때문에, 장로이기 때문에 다르게 드리는

게 아니다. 예배는 하나님 앞에서 모두가 동일하다. 전하는 자나, 듣는 자나, 모두가 동일하다.

② 소제는 단독으로 드리지 않고 반드시 번제를 드리고 난 뒤에 드린다.

③ 형편에 따른 제물의 종류 (1:3, 10, 14절)

④ 형편에 따른 기구의 종류 (2:4, 5, 7절)

⑤ 형편에 따른 화목제물의 종류 (3:1,6,12절)－비둘기로서는 함께 먹을 수 없다.

⑥ 4:14, 23, 28 → 아무리 실수의 범죄라도 죄라는 자각이 있어야 한다.

⑦ 요제(7:30) : 앞뒤로 흔듦, 거제(7:32) : 아래위로 흔듦

⑧ 응식 : 제물 중 제사장에게 분배되는 제물

B. 하나님께 나아가는 자의 삶 －거룩한 생활 8~27장

1) 제사장에 대한 규례 (8~10장)

- 위임식 (8장)
- 제사장의 제물 봉헌식 (9장)
- 제사장의 죄와 벌 (10장)
- 바른 제사와 식생활

2) 백성들의 거룩한 교제 생활 (11~15장)

- 음식과 접촉 (11장)
- 산모의 정결 (12장)
- 나병 (13~14장)
- 성병 (15장)

3) 대속죄일과 희생제물 (16~17장)

4) 일반적인 죄 (18~20장)

- 그릇된 성관계, 사회생활, 가증한 죄

5) 제사장 규례 (21~22장)

- 성결생활과 온전한 몸, 거룩한 음식, 온전한 제물

6) 거룩한 절기들 (23장)

- 안식일, 유월절과 무교절, 초실절, 나팔절, 속죄일, 초막절

7) 등잔불, 진설병, 여호와를 저주한 자에 대한 형벌 (24장)

8) 안식년과 희년 (25장)

9) 순종과 불순종에 대하여 (26장)

10) 서원과 십일조 (27장)

성막의 구조

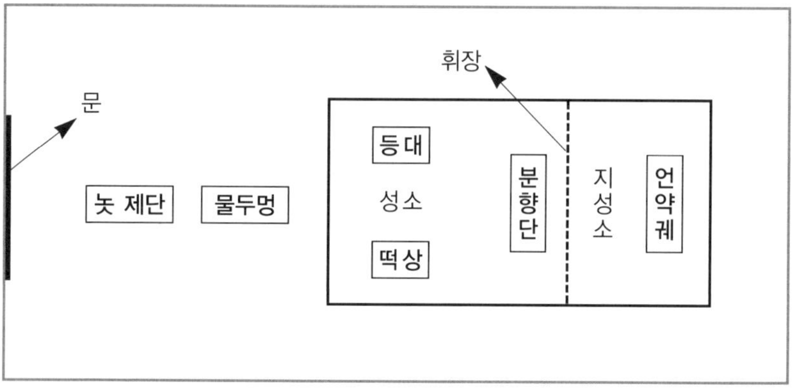

※ 제사의 목적에 따른 구분

	번제	소제	화목제	속죄제	속건제
성격	자원 및 의무	자원	자원	의무	의무
목적	일상의 신앙 고백과 경배	하나님께 영광과 충성을 바치는 표순수하고 온전한 순종	하나님과의 특별한 친교를 위해	무의식적인 범죄와 부정함과 허물을 사함 받기 위해	하나님과 이웃을 적대관계에 놓이게 한 죄의 해결 및 보상
특징	흠 없는 제물을 준비, 가죽을 제외한 제물 전체를 불살라 드림	피가 없는 유일한 제사로서 고운 곡식 가루를 기름, 유향, 소금 등과 섞어 불살라 드림	제사 후 경배자도 제물을 분배받음, 드리는 동기에 따라 감사제, 서원제, 자원제로 구분됨.	각 사람의 신분, 지위(제사장, 이스라엘 온 회중, 족장, 평민, 극빈자)에 따라 제물이 다름	범죄한 대상(하나님, 사람)에 따라 제물이 다르며, 범한 물건의 1/5을 더 냄

의미	헌신자가 하나님께 자신을 전적으로 헌신함	자신이 가진 모든 것이 하나님께 속했음을 인식함	하나님과의 화평과 교제	• 하나님과 단절되었던 관계가 회복됨 • 죄의 치명적 결과	불의하고 불공평한 일을 예방하고 보상함
그리스도와의 관계	그리스도의 죽음은 완전한 헌신의 모범	그리스도는 하나님과 인류를 위해 자신의 모든 것을 내어주심	그리스도는 하나님과 인간이 친교할 수 있는 유일한 길	오직 그리스도의 죽음만이 하나님과의 교제를 회복하는 방법임	그리스도의 죽음은 죄의 치명적인 파괴성을 제거함
관련성구	레 1:3–17 6:8–13 롬 12:1,2 빌 2:5–11	레 2:1–16 9:16,17 히 4:15 계 12:11	레 3:1 7:12,16 롬 5:1 골 1:20	레 4:1,13,22 8:14–17 요 1:29 요일 1:7	레 5:1–4, 15,16 7:1–7 사 53:4–6 벧전 2:21–24

	제사법	해당제물	해당제사	예표적 의미
화제	경배자가 가져와 안수하고 제사장이 잡고 다듬은 희생 제물을 단위에서 불사름 (레 1:6–9; 3:3–9). 단, 이때 그 피는 성막 기구 및 번제단 주위에 뿌림	흠 없는 수소, 암소, 숫양, 암양, 숫염소, 암염소, 산비둘기, 집비둘기, 고운 곡식 가루, 기름, 유향 등의 모든 제물 (레 1:3, 0,14;2:1,2; 3:1,6,12; 4:23,28)	• 번제 (출 29:18, 25; 레 1:9 ,13,17) • 소제 (레 2:1–16) • 화목제 (레 3:3,5, 9) • 속죄제 (레 5:12) • 속건제 (레 6:17, 18)	• 그리스도께서 성도의 죄를 대신 짊어지심을 상징함 (요 1:29,36; 고후 5:21) • 그리스도께서 성도의 속죄를 위해 피흘리심을 상징함 (마 26:28; 히 9:12–14) • 그리스도께서 성도를 위하여 상신의 생명 전체를 바쳐 희생당하심을 상징함 (마 27:27–50)
요제	제사장이 하나님 앞에서 화목제물의 가슴 및 곡식단을 높이 들어 앞뒤로 흔들어 바침(출 29:24,26)	화목 제물의 가슴, 첫 곡식 단(레 23:15), 첫 이삭의 떡 (레 23:20), 레위인(님 8:11–15)	• 화목제 (레 7:30) • 속건제 (레 14:12 ,14) • 땅의 처음 익은 곡식 바칠 때	• 그리스도께서 하나님의 기뻐하시는 제물로 바쳐짐을 의미함(골 1:22; 히 9:24,25) • 그리스도께서 생명의 양식으로 성도에게 주어지심을 상징함(요 6:33–58; 롬 8:32)
거제	제사장이 여호와 앞에서 화목제 희생 제물의 우편 뒷다리를 위아래로 흔듦	처음 익은 곡식 가루 떡, 타작 마당의 곡식, 십일조, 포도주, 기름 등 (레 7:32; 민 15:20)	• 화목제 (레 7:14,22) • 땅의 첫 소산물을 드릴 때 • 십일조를 드릴 때 • 전리품을 드릴 때	• 그리스도께서 하나님의 기뻐하시는 제물로 바쳐짐을 의미함(골 1:22; 히 9:24,25) • 그리스도께서 생명의 양식으로 성도에게 주어지심을 상징함 (요 6:33–58; 롬 8:32)
전제	포도주나 독주를 다른 제물과 함께 부어 드림 (민 28:7)	포도주, 독주 (레 23:13; 민 28:7)	• 번제 (출29:40,41) • 소제 (레 23:13) • 화목제 등 (레 23:19)	• 그리스도께서 하나님을 위해 온 힘을 다해 봉사하심을 상징(마 26:38–44) • 그리스도께서 하나님을 위해 생명을 다 바쳐 충성하심을 상징 (마 27:46–51)

이스라엘의 광야 장막 배치도

※ 굵은 글씨의 지파는 선임 지파

이스라엘의 광야 행군도

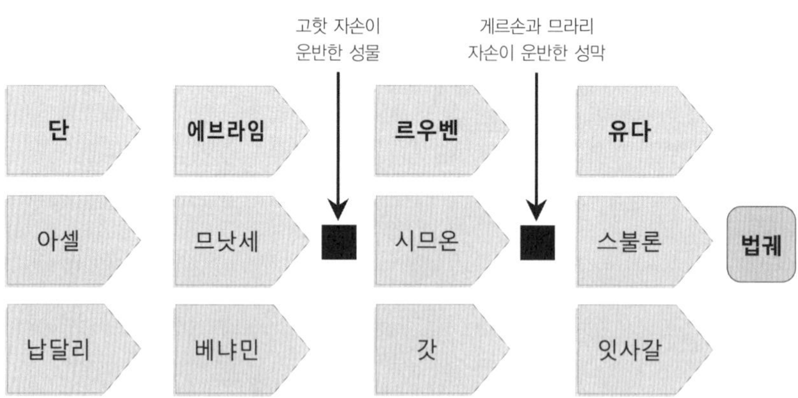

민수기 – 광야에서

1. 명칭 : 1장과 26장에서 백성들의 수를 새었다고 하여 "민수기"라고 한다. 그러나 원명은 "광야에서(in the wilderness)"다.

※ 행 7:38 ⇒

2. 내용

1) 모세 오경과의 비교

창세기	출애굽기	레위기	민수기	신명기
창조와 타락	구원	예배	광야생활	복된 길

2) 광야에서 일어난 여러 가지 사건을 통한 영적인 교훈

3) 광야에서 실패한 선민들을 통해 인간의 연약함을 알고 하나님 의지하게 함

3. 내용 분해

위 치	시 내 산	광야	모압(강 동편)
내 용	순례길 준비	순례길에서	가나안을 바라보며
성 경	1:1~10:10	10:11~25장	26:1~36장
기 간	20일 간	38년 3개월	약 5개월

• 진체 기간 (출 19:1, 민 1:1, 10:11, 33:3,38 신 1:3)

A. 가나안을 향한 출발준비 1장 ~ 10:10 〈시내산에서 약 20일간〉

1) 백성의 수를 셈 : 603,550명 (1장)

2) 일반백성들의 장막 (2장)

3) 레위인의 장막 (3~4장)

- 레위인들의 장막을 세밀히 기록한 것은 성막을 중심하여 살기 때문(출19:16)

4) 백성의 성결과 서약 : 나실인 (5~6장) — 제사장의 축복 (6:22~27)

5) 지파들의 예물헌납 (7장) • 어떻게 생긴 예물인가?(출 12:31~36 참조)

6) 레위인의 정결 (8장)

7) 시내광야에서 지킨 첫 유월절 (9:1~14)

8) 마지막 행군준비와 기다림 (9:15~10:10)

B. 광야에서 10:11~25장 〈중심지 : 호르산 38년 3개월 10일간〉

- 출발 (10:11~36)

1) 악한 말로 원망과 다베라의 불 (11:1~3)

2) 음식에 대한 불평과 만나와 메추라기 (11:4~35)

3) 지도자들의 내분/ 불평과 문둥병 (12장)

4) 약속의 땅에 대한 불평과 진노 (13~14장)

- 제사의 법칙 (15장)

5) 임명받은 지도자에 대한 불평과 징계 (16장)

- 임명에 대한 하나님의 증거 : 싹 난 지팡이 (17장)
- 제사장과 레위인의 봉사 (18장)
- 정결케 하는 법 (19장)

6) 갈증으로 말미암는 불평과 반석의 샘물 (20장)

7) 길로 말미암는 불평과 불뱀의 징계 (21:1~9)

- 여러 전쟁에 대한 교훈(아랏, 시혼, 옥) (21:10~35)
- 선지자(예언자 : 발람)의 부패성 (22~24장)
- 이스라엘의 음행과 징계 (25장)

C. 모압 평지에 도착하여 26~36장 〈느보산을 중심하여 5개월 정도〉

1) 도착하여 행한 인구조사 : 601,730명 (26장)

2) 상속법, 모세의 후계자 여호수아 (27장)

3) 헌물에 대한 규례 (28~30장)

4) 미디안에 대한 승리 (31장)

5) 영토분배 (32~34장)

6) 레위지파와 도피성 제도 (35장)

7) 여자의 상속문제 (36:1)

《 광야에서 가져야 할 가장 중요한 것 》

1. 섬김 ① 하나님을 섬김 ② 지도자를 섬김 ③ 이웃을 섬김

2. 질서 ① 장막의 중심 : 성막 (그림 참조)

② 행군할 때 • 자신의 직무에 충성하므로

• 지파의 위치에서 진행

③ 공동체 속에서 : 타인의 직무를 존중히 여기므로

신명기

1. 명칭 : 계명을 밝히 설명하는 책이라고 하여 "신명기"라고 한다.
율법의 책 훈계의 책 또는 둘째 율법이라고도 한다.

2. 내용

1) 모세 오경과의 비교

창세기	출애굽기	레위기	민수기	신명기
창조와 타락	구원	예배	광야생활	복된 길

2) 목적 : 애굽에서 나온 사람들은 대부분 광야에서 죽었다. 그래서 이전에 하나님이 말씀하시고 사랑하신 사실들을 잘 알지 못한다(시내산 선포는 40년 전). 따라서 모세로 하여금 다시 한 번 반복하여 말씀케 하셔서 저들을 향한 하나님의 사랑을 확인하게 하신 것이다.

3. 현재의 위치 : p. 38 지도 참조

4. 내용 분해

• 모세의 설교(연설)

설 교	첫 번째 설교	두 번째 설교	세 번째 설교	후 기
내 용	과거 회상	현재 상황	미래의 삶	모세의 죽음
성 경	1장~4:43	4:44~26장	27장~33장	34장

A. 첫 번째 설교 : 과거 회상 1:1~4:43

1) 서론 (1:1~5)

2) 주의 인도하심(과거) (1:6~46)

3) 승리하게 하신 하나님 (2:1~3:29)

4) 하나님의 법을 지킬 것을 권고 (4:1~43)

B. 두 번째 설교 : 현재 상황 4:44~26장

1) 지켜야 할 기본율법 해설 (4:44~11:32)

십계명 : 우상을 포기하고 하나님의 말씀에 순종 할 것

2) 지켜야 할 중요한 율법 해설 (12:1~26:19)

- 집회 (12장)
- 우상 숭배자에 대한 형벌 (13장)
- 부정한 음식을 피하고 십일조를 드릴 것 (14장)
- 노예들과 가난한 자들의 유익을 위한 법 (15장)
- 3대 절기 (16장)
- 기타 여러 가지 것들을 말씀하심

C. 세 번째 설교 : 미래의 삶 27~33장

1) 권면과 경고 (27~28장)

- 축복(순종하는 자에게)과 저주(불순종하는 자)에 대한 엄중한 경고

2) 언약 (29~30장)

- 약속의 땅에 들어가려는 이스라엘 백성들에게 주신 것
  그 중심은 마음의 순종(할례)에 강조점을 두고 있다.(30장)

3) 모세의 고별사 (31:1~29)

- 이스라엘 백성들에게 (31:1~6)
- 후계자 여호수아에게 (31:7~8)
- 제사장들에게 (31:9~15)
- 하나님이 모세에게 (31:14~21)
- 레위인들에게 (31:24~29)

4) 찬양 (31:30~32:52)

5) 모세의 각 지파에 대한 축복 (33장)

D. 후기 : 모세의 죽음 34장

여호수아

1. 중심말씀 : 1:7~9

2. 특 징

모세의 후계자 여호수아에 의해 인도 받은 이스라엘 백성들의 군대 행진으로 가나안을 정복한다. 이는 진취적인 성경으로 모세오경을 4복음서에 비한다면 여호수아는 사도행전과 비교할 수 있다.

3. 영적의미

군대의 행진은 영적인 안녕(평강)을 상징한다. 가나안의 족속들은 우리 속에존재하는 욕망과 영적인 적인 죄를 상징한다. 이 성경에서 모든 죄를 정복하시는 하나님의 능력을 발견하다. 이때까지는 꿈, 환상과 천사들을 통하여 말씀하셨다. 그러나 여기서부터는 주어진 말씀(율법서) 안에서 말씀을 통하여 하나님의 음성에 귀를 기울이도록 권면 받았다.

4. 내용분해

약속의 땅			
에 들어감	을 정복함	을 분배함	에서 평강을 누림
1 ~ 5장	6 ~ 12장	13 ~ 22장	23 ~ 24장

A. 약속의 땅에 들어감 1~5장

1) 들어갈 준비

- 지도자에게 (1:1~9)

- 이스라엘 백성에게 (1:10~15)
- 백성들의 응답 (1:16~18)
- 적진을 살핌 (2장)

2) 들어감

- 요단을 건넘 (3장)
- 도우심의 기념비 (4장)
- 애굽의 수치를 버림 (5:1~10)
- 새 양식과 지도자 여호수아의 성결 (5:11~15)

B. 약속의 땅을 정복함 6~12장

1) 여리고성 정복 (6장)

2) 아간의 범죄와 패배 (7장)

3) 아이성 정복 (8장)

4) 기브온과의 우호조약 (9장)

- 언약에 신실하신 하나님 (삼하 21:1–9)

5) 남부 가나안 정복 (10장)

6) 북부 가나안 정복 (11장)

7) 정복한 왕들에 대한 부록 (12장)

C. 약속의 땅을 분배함 13~22장

1) 동쪽에 머물 지파들에 대한 분배 (13장)

2) 서쪽에 머물 지파들 (14~19장)

3) 도피성에 대하여 (20장)

4) 제사장과 레위인들의 성 (21장)

5) 동쪽 지파들의 귀향 (22장)

D. 약속의 땅에서 누림 23~24장

1) 여호수아의 권면

- 백성의 지도자들에게 (23장)
- 모든 백성들에게 (24:1~28)

2) 죽음

- 여호수아의 죽음 (24:29~31)
- 엘르아살의 죽음 (24:33)

사사기

1. 주 제 : 그 소견에 옳은 대로 행함(21:25)

2. 저 자 : 사무엘 (?)

3. 목 적

1) 사사란 구주이다.

2) 이스라엘 백성이 쇠퇴하여 이방인들에게 압박을 받을 때 세운 지도자.

3) 기간 : 여호수아가 죽은 이후부터 사무엘 때까지 340년간.(왕상 6:1)

당시 이스라엘 백성들은 가나안 원주민들을 몰아내고 자기들에게 분배된 토지를 점령하여 신정국가를 확립하여야만 했다. 그러나 얼마가지 못하여 가나안 족속들과 우호조약을 맺고 그들의 신들까지 받아들여 섬기기까지 하였다. 그래서 그들은 자기들의 잘못에 대한 형벌로 이방 민족들에게 넘기게 된다. 그러나 그들이 회개할 때에 하나님은 사사를 세워 자기의 백성을 구원하셨다. 사사기에는 이러한 사건의 연속성을 보여준다.

4. 특 징

1) 사사기는 14사사의 역사에서 그 이름을 가져 왔다. 사사기는 이스라엘이 계속하여 하나님을 떠나는 것에 관한 신적인 기록이며, 비

극의 시기이고 암흑의 시기이다. 그 시기가 무려 340년간 계속된다 (• 왕상 6:1).

2) 비상시에 여인 (드보라)이 민족을 지도한 첫 번째 기록이다. (4장)

3) 위대한 영적인 축복 (여호수아) 후에 영적 침체의 무서운 가능성을 보여준다.

4) 감사하는 것 : 일곱 번 배교와 일곱 번 노예상태가 있다면, 거기에 일곱 번의 부르짖음과 일곱 번의 구원이 있다. 하나님은 여기에서도 그 백성들이 돌아오도록 회복시키신다.

5. 내용분해

사사를 세우기까지	사사를 세움	사사시대 후반
1:1 ~ 2:5	2:6 ~ 16:31	17장 ~ 21장
백성들의 상태	범죄 – 회개 – 용서연속	혼돈과 무질서

A. 서론 (상황) 1:1~2:5

여호수아에서 사사기로 넘어오는 그 당시의 여러 상황을 묘사하고 있다. 정복해야할 적들이 아직도 남아있었고, 백성들의 영적 상태는 침체해 가는 시기였다.

B.. 사사를 세움 2:6~16:31 (p48)

C. 사사시대 후반 17~21장[5)]

1) 선민의 부패한 종교생활 = 교회생활 (17~18장)

---

5) 사사기 17:6
"그 때에는 이스라엘에 왕이 없었으므로 사람마다 자기 소견에 옳은 대로 행하였더라"

에브라임 사람 미가와 자기 집의 제사장이었던 레위인에 관한 이야기를 통하여 당시 백성들의 종교생활이 얼마나 무질서하였는지를 보여준다.

① 자기 집 제사장을 두는 무질서

② 무자격자를 제사장으로 두는 무질서

③ 제사장만 두면 된다고 하는 무질서 • 이는 무질서한 오늘날의 교회 상황

2) 선민의 부패한 사회생활 = 가정생활 (19장)

① 가정의 도덕적인 타락상 (성적타락)

② 그 타락을 용납하는 부모의 타락상 (율법의 시행이 없는 가정)

③ 도처에 비류들이 성행하여 공개적으로 범죄 하는 상황 – 오늘날 우리들의 모습

3) 선민의 부패한 정치상황 = 국가상황 (20~21장)

① 같은 민족 간의 혈투

② 베냐민의 죄와 형벌

③ 그 지파에 대한 징계

※ 사사들에 대한 실망으로 이스라엘은 왕의 필요성을 갖는다.

사사기의 사사들과 사건

사사	지파	본문 구절	압제자	압제	평화	비고
1. 옷니엘 (그나스의 아들, 갈렙의 동생)	유다	삿 1:11~15 3:1~11 수 15:16~19 대상 4:13	메소보다미아 왕 구산 리사다임	8년	40년	
2. 에훗 (게라의 아들)	베냐민	삿 3:12~4:1	모압 왕 에글론 암몬 족속 아말렉 족속	18년	80년	왼손잡이
3. 삼갈 (아낫의 아들)	이방인일 가능성	삿 3:31 5:6	블레셋	기록	없음	소 모는 막대기
4. 드보라	에브라임	삿 4:1~5:31 히 11:32	가나안왕 야빈 군대 장관 시스라	7년	40년	
5. 바락 (아비노암의 아들)	납달리					히 11:32에 나오는 "믿음의 영웅들" 중 하나
6. 기드온	므낫세	삿 6:1~8:32 히 11:32	미디안, 아말렉 동방 사람	7년	40년	아비에셀 사람, 요아스의 아들, 여룹바알이나, 여룹베셋(삼하 11:21)이라 부름
7. 아비멜렉 (기드온이 첩에게서 낳은 아들)	므낫세	삿 8:33~9:57	내전	20년	3년 통치	
8. 돌라 (부아의 아들)	잇사갈	삿 10:1~2			23년 통치	
9. 야일	므낫세 (길르앗)	삿 10:3~5			22년 통치	
10. 입다 (길르앗이 기생에게서 낳은 아들)	므낫세 (길르앗)	삿 10:6~12:7	블레셋, 암몬, 에브라임 사람들과의 내전	18년	6년 통치	
11. 입산	유다 or 스불론	삿 12:8~10			7년 통치	
12. 엘론	스불론	삿 12:11~12			10년 통치	
13. 압돈 (힐렐의 아들)	에브라임	삿 12:13~15			8년 통치	
14. 삼손 (마노아의 아들)	단	삿 13:1~16:31 히 11:32	블레셋	40년	20년 통치	

룻기

1. 특 징

1) 이 책의 저자는 알려져 있지 않다. 그러나 1:1로 보아 사사들의 시대가 끝나고 다윗이 태어난 이후 (4:22)에 쓰여 졌음이 분명하다. 그래서 사무엘 이라고 하는 사람들이 많다. 그러나 다윗이 자신의 조상 중에 아름다운 신앙으로 산 증조모 룻에 대하여 썼을 가능성도 많다.

2) 성경에 여인의 이름이 제목인 책이 두 권이 있다. 하나는 룻기이고 하나는 에스더이다. 룻기와 에스더는 서로 상반된 가운데 나타난 아름다운 신앙의 여인들이다.

3) 이 책은 다윗의 족보의 일부를 기록하고 있다(4:18~22).

이 책은 순수한 사랑의 힘이 모든 어려움을 극복한다는 것을 보여줌.
이 책은 결혼생활의 높은 이상을 보여준다(4:11~17).

4) 혈족을 구원한 보아스의 사랑을 통하여 예수님의 사랑을 나타낸다. 율법(신 23:3)에 의해 내어 쫓겼던 모압이 은혜로 받아들여졌다. 그 때 보아스가 룻을 긍휼히 여기므로 이뤄졌는데, 일반적으로 유대인은 이방인에게 관심을 갖지 않는다. 그러나 보아스는 그의 어머니가 이방 여인(라합)이었기 때문에(마태1:5) 이방인에게 관심을 가질 수 있었다.

2. 내용분해

베들레헴 (교회)		보아스 (예수그리스도)	
~을 떠남	~으로 돌아옴	~를 만남	~와 함께 삶
1:1 ~ 5	1:6 ~ 22	2 ~ 3장	4장

A. 베들레헴(교회)을 버림 1:1~5

1) 하나님을 떠나서는 진정한 번영과 축복을 누릴 수 없다.

2) 나오미의 두 아들이 이방 여인과 결혼하였고 그들이 하나님을 믿었다는 게 중요하다.

B. 베들레헴(교회)으로 돌아옴 1:6~22

1) 재앙의 10년 후 나오미는 안식의 땅으로 돌아올 결심을 하였다. (6)

2) 두 며느리가 그녀와 함께 돌아가기를 원하여 함께 출발함.(1:7~10) 그러나 오르바는 그녀의 백성의 신에게로 돌아갔다. (1:15)

3) 베들레헴에 이르매 모든 사람들이 소동하였으나 누구 하나 환대하지는 않았다.

C. 보아스(그리스도)를 만남 2~3장

1) 보아스는 유력한 사람인데 그 이름은 전쟁에서 얻은 이름이다. 그는 나오미가 돌아왔을 때 군대에 있었기 때문에 친족이지만 룻을 알지 못하였다.

2) 룻의 행위(3장)는 우리의 관습으로는 이해가 안 된다. 그러나 당시 중동지방의 관습으로는 인정된 것이다. 여인이 자신의 가정을 법적으로 맡아야 하는 사람(보아스)의 안식처에 들어가, 긴 겉옷 한 켠에 누우므로 법적으로 자신의 요구를 이루는 것이다. 그 사람이

받아들이면 그 사람이 기업 무를 자가 된다. 거절하면 또 다른 친족에게서 찾아야 하는 것이다.

D. 보아스(그리스도)와 함께 삶 4장

1) 온전한 만남 : 보아스와 룻이 결혼함 (4:1~12)

2) 은총 : 보아스와 룻이 아들을 얻고 나오미가 위로를 받음 (4:13~17)

3) 영광 : 그리스도가 탄생할 육신의 혈통에 속하다 (4:18~22)

《'사무엘'~'역대기서'의 전체 개관》

1. 지금까지의 과정

일반역사	구속계시의 역사								
천지창조	족장 시대	포로 시대	출애굽 시대	사사시대	**왕정시대**	포로 시대	회복	암흑	신약 시대
창세기 1~11장	창세기		출애굽기 민수기 신명기	여호수아 사사기 룻기	**사무엘상하 열왕기상하 역대상하**	에스겔 다니엘 에스더	에스라 느헤미야 학개 스가랴 말라기		**메시야 탄생**
→ 2350년		430년	40년	360년	선지자 활동	→ 600년경		400년	AD 1

2. 사무엘, 열왕기와 역대기서의 비교

1) 공통점

사무엘서 → 열왕기서 = 사울왕 → 다윗왕 → 솔로몬 → 열왕들 / 남북 열왕들

역대기 상하 = 사울왕 → 다윗왕 → 솔로몬 → 열왕들 / 남방 유다왕들

2) 차이점

• 사무엘서 + 열왕기서와	역대기서의 비교
① 개인적인 전기를 중심한 내용 ② 이스라엘과 유다에 대하여 ③ 왕좌, 왕권을 중심으로 (인간적) ④ 포로가 된 필연적인 상황 왕과 백성들의 범죄와 타락	① 공식적이고 통계적인 내용 ② 단지 유다에 대해서만 ③ 성전을 중심으로 (영적) ④ 포로된 백성들을 위로하고 하나님 백성으로서의 소망을 갖게 함

예) 다윗왕의 실수를 사무엘하에서 적나라하게 기록하였다.
역대기에는 언급이 없다.

사무엘 상

1. **주 제 :** 기도하라(사무엘－하나님께 구하라)
   사사시대의 암흑기를 끝내면서 마지막으로 기도하는 여인 한나에 대하여 기록하므로 흑암속의 빛을 보게 한다(사무엘).

2. **핵심구절 :** 1:10~27, 7:5, 8:6, 12:19~23

3. **저 자 :** 이 책에서 사무엘이 가장 탁월한 인물이기 때문에 지어졌다. 사무엘이 대부분을 기록하였고 나단과 갓이 완성하였다(대상 29:29).

4. **내 용 :** 엘리 제사장부터 다윗이 왕위를 계승하기까지의 내용을 기록하고 있다.

5. **특 징**
   1) 성령에 대한 가르침이 다른 책에 비하여 많다.
      ① 소생함과 새로운 마음의 창시자. (10:6, 9)
      ② 거룩하고 의로운 분노의 창시자. (11:6)
      ③ 용기와 구변이 있게 하심. (16:13, 18)
      ④ 악으로부터 보호하심. (16:14)
   2) 많은 가르침을 준다.

① 일부다처제에서 오는 고통 (1:6)

② 멋대로 버려두는 부성애에서 오는 재앙 (2:22~25)

③ 의식주의와 형식주의의 위험 (14:3)

④ 인내가 없음의 결과 (13장)등이 있다.

3) 가정에 대한 교훈이 많다

① 엘가나와 한나의 가정

② 엘리 제사장과 그 아들들 홉니와 비느하스

③ 사울과 요나단

④ 이새와 다윗

4) 기도에 대한 가르침

가장 중요한 의미는, 사무엘이라고 하는 그 이름이 주는 의미이다. 이는 "하나님께 구하라" 이다. 그러므로 기도자 혹은 기도했다는 것이 중요한 가르침이다. 이 책이 기도자로 가득한 것은 놀라운 일이다. 사실 이것은 삶에 있어서 생생하게 경험한 기도자로 말미암아 된 한 논문과 같다.

- 한나의 기도로 하나님이 사무엘을 주셨다. (1:10~28)
- 사무엘의 기도로 하나님이 이스라엘에 승리를 주셨다. (7:5~10)
- 백성들이 왕을 구하므로 사무엘은 하나님께 기도하였다. (8:5~6)
- 기도하는 사람은 하나님에게서 비밀을 배운다. (9:15)
- 이스라엘을 위하여 기도하지 않는 것이 죄라고 하였다. (12:19~23)
- 사울의 배반으로 하나님이 기도를 전혀 듣지 않으셨다. (28:6)

6. 내용분해

사무엘에 대하여	**사울**에 대하여	**다윗**에 대하여
1 ~ 7 장	8 ~ 15 장	16 ~ 31 장

A. 사무엘에 대하여 1~7장

1) 태어남 : 한나의 자식을 위한 기도로 사무엘을 얻음 (1장)
사무엘을 얻은 한나의 선지자적 기도 (2:1~11)

2) 부르심 : 하나님은 사무엘에게 자신을 계시하셨다. (2:12~3장)

3) 활동 (4장~7:17) 사울과 다윗을 기름 부어 왕으로 세움

B. 사울에 관하여 8~15장

1) 선택 (8~10장)

사울이 왕으로 선택을 받아 (9장),
기름 부음을 받았다. (10장)

2) 통치 (11~12장)

사울의 첫 번 승리와 (11장) 연설 (12장)

3) 배반 : 하나님은 그의 말씀과는 다르게 행한 사울을 왕위에서 버렸다. 사울은 실수와 잘못 가운데서 회개함이 없었다. 이것이 다윗과 다른 사울의 잘못된 점이다. (13~15장)

C. 다윗에 대하여 16~31장

1) 기름 부음을 받음 (16:1~13)

사울에게서 실망하신 하나님은 사무엘의 기도를 들으셔서 다윗에게 기름을 부어 이스라엘의 왕으로 삼으셨다. 그러나 이때 다윗이 왕으로서 행한 것은 아니었다. 사울이 죽고 나서 의식을 거쳐 정식 왕이 되었다.

2) 봉사자가 됨 (16:14~18:20)

- 다윗이 수금으로 악신을 좇아냄
- 전쟁에서 골리앗을 죽임

• 끝까지 사울을 섬기는 자가 됨

3) 망명생활 (21장~31장)

다윗은 망명생활 중에 갖가지 고난을 겪었다. 그는 왕이 될 수 있는 기회가 여러 번 있었으나 하나님이 그에게 완전한 기회를 주시기까지 기다렸다. 사람이 만든 기회는 여러 가지 문제가 많다. 그러나 하나님이 주신 기회는 은혜 가운데 성취된다.

• **다윗과 사울의 비교는 오늘날 그리스도인의 영성에 많은 교훈을 준다.**

사무엘 하

1. 중심주제 : "하나님 앞에서"

2. 핵심구절 : 5:12

3. 저 자 : 이 책의 저자 문제는 대상 29:29에 말씀하고 있다.

선지자 나단의 책과 선견자 갓의 책이다. (B.C 930~900년경)

4. 내 용 : 이 책은 전체가 다윗의 역사에 관하여 기록하고 있다.

왕위의 계승에서 40년 동안 통치하며 겪은 사건을 기록하고 있다.

5. 교 훈

1) 하나님의 약속을 이룸에 있어서는 인내와 하나님을 의지함이 필요하다.

2) 두 번째 중요한 메시지는 죄에 대한 것이다.

때로는 하나님이 죄 지은 인생을 그냥 버려둠으로 징계하신다. 그러나 많은 경우에 징계를 통하여 자신의 사랑을 나타내신다(히 12장). 다윗은 이를 시인하였다(16:10). 죄를 지은 후에 다윗의 생활에 기쁨이 없었다.

6. 내용분해

다윗의				
승리와 번성	범죄	회개	징벌	회복
1 ~ 10장	11장	12장	13 ~ 18장	19 ~ 24장

A. 승리와 번성 1~10장

1) 다윗의 즉위 (1~3장)

2) 사울가를 위한 행동 (4장)

3) 헤브론에서 예루살렘으로 (5장)

4) 언약궤를 다윗 성으로 옮김 6장

5) 왕국의 번성 (7~10장)

B. 범죄 11장

1) 밧세바 (11:1~5)

2) 우리아 (11:6~27)

C. 회개 12장

나단 선지자와 다윗 (※ 시편 32, 51편)

D. 징벌 (13~18장)

1) 가정에서 일어나는 사건들 (13장)

2) 압살롬의 계략과 반역 (14장~15:12)

3) 다윗의 도피생활 (15:13~18장)

E. 회복과 그 결과 19~24장

시 편

1. **주 제 :** 영적 경험을 통해 얻는 복

2. **중심단어 :** 복있는 사람

3. **저 자 :** 성결하고 영감 있는 시편은 여러 사람들에 의해 쓰여졌다.

- 다윗 — 73편
- 모세 — 1편(90)
- 솔로몬 — 2편(72,127)
- 고라자손 — 12편(42—49 84—87)
- 아삽 — 12편(50,73—83)
- 헤만 — 1편(88)
- 에단 — 1편(89)
- 히스기야 — 1편(10편)

나머지(47편)는 저자가 불분명하다.

4. **특 징**

1) 시편은 150편의 영적인 찬양과 시를 모은 것이다.
2) 대부분이 성막과 성전에서 경배 할 때 부르는 찬양이다.
3) 모든 시편은 하나님에 대한 영적인 깨달음의 직접적인 표현이다.
4) 과거와 현재의 경험과 소망을 하나님 앞에서 표현하였다.
5) 고대로부터 시편은 다섯 부분으로 분류하고 각 끝이 송영으로 되어 있다.
6) 그러나 왜 이와 같이 구분되었는지는 잘 알려지지 않았다.

7) 전해 오기를 아래와 같이 분류하지만 완전하지는 않다.

- 첫째 권(1~41) — 다윗이 지신이 지은 것에서 모은 것
- 둘째 권(42~72) — 히스기야가 정리한 것
- 셋째 권(73~89) — 요시야가 정리한 것
- 넷째 권(90~106) — 에스라가 정리한 것
- 다섯째 권(107~150) — 느헤미야가 정리한 것

8) 연대순으로 정리되지는 않았다. 가장 오래된 것은 90편이다. 유대 전통에 따르면 이 같은 전승의 원인이 모세 오경과 연유된 것이라고 한다.

5. 내용분해

권	성 경	오경과 관계	내 용
첫째	1-41	창세기	인간의 행복한 상태(1), 타락(2-8), 적그리스도(9-15) 회복(16-41) / 요절 8:4 10:18
둘째	42-72	출애굽기	이스라엘의 멸망(42-49),구속자(50-60),구원(61-72)
셋째	73-89	레위기	거룩
넷째	90-106	민수기	광야생활(90)
다섯째	107-150	신명기	하나님의 말씀순종과 복(107, 119)

열왕기 상

1. **주 제** • 순종하는 자에게 축복
• 불순종하는 자에게 징계
• 회개하는 자를 용서

2. **핵심구절** : 왕상 9:1~9, 그 아비 다윗 같이

3. **저 자** : 확실하지 않으나, 예레미야가 나단과 갓과 연합하여 기록.

4. **목적과 역사적 배경** : 열왕기 상은 사무엘 하에서 시작한 다윗 왕조에 대한 말씀이 계속 된다. 다윗의 죽음에 대한 기록으로 시작하여 다윗의 아들이 왕의 계승자가 되고(주전 970년), 아합의 죽음에 대한 기록으로 끝난다(주전 853년). 솔로몬이 이스라엘 왕이 되어 어떻게 흥망성쇠의 길을 걸었는지를 밝혀준다. 가장 번성한 솔로몬 시대에 종교적으로는 바알숭배가 제도적으로 시작된다는 게 아이러니하다.

5. **특 징**

1) 기도하는 자세 : 솔로몬 – 제단 앞에 서서 (8:22)
엘리야 – 꿇어 엎드려 그의 얼굴을 무릎사이에 넣고 (18:42)
예) 아말렉과의 전쟁에서 모세의 기도 (출 17:8~16)

2) 하나님의 성전을 건축하는 이유

5:5과 8:27에서 하나님에 대한 영적인 개념을 분명히 하고 있다. 하나님의 전은 "**하나님이 머무시는 곳**"이 아닌 "**하나님의 이름을 위하여**(주위 나라에 하나님의 살아계심과 그 영광을 나타내기 위해)" 건축되었다.

3) 이 책은 왕국의 흥망의 원인을 보여주기 위하여 쓰였다.

이스라엘이 하나님께 충성할 때는 번성하였다. 그러나 하나님에게서 떨어졌을 때(우상을 섬길 때)는 왕국이 쇠하고 윤리가 타락하였다. 하나님은 그 보좌에 주권자로써 앉으셔서, 통회하고 순종하는 자에게 자비와 은혜를 주시고, 불순종하는 자에게 징벌과 응징을 주시는 것이다.

4) 솔로몬 시대에 시가서의 남은 부분인 잠언, 전도, 아가서가 지어졌다.

6. 전체 내용분해

왕국의			
확립	번성	분열	쇠퇴
1 ~ 2장	3 ~ 10장	11장 ~ 12:24	12:25 ~ 22:53
	출발 : 일천번제	출발 : 범죄로부터	

A. 왕국의 확립 1~2장

※성왕 다윗의 죽음은 많은 사람들을 슬프게 하였다. 그러나 그 아들 솔로몬으로 이어져 왕국을 튼튼하게 세움에 있어서 필요한 과정이다.

1) 다윗이 나이 많아 (70) 죽음이 가까웠다. (1:1~4)

2) 아들 솔로몬을 왕으로 기름부음을 받게 하였다. (1:32~52)

• 다윗의 하나님 나라건설은 후대를 위한 준비와 바르게 세움을 통해 완성된다.

3) 다윗의 마지막 연설과 죽음 (2:1~12)

4) 왕이 된 솔로몬이 여러 배반자들을 처단함 (2:13~46)

B. 왕국의 번성 3-10장

※솔로몬이 이방나라와 동맹을 맺고 최고의 번영과 호화로움을 누림

1) 솔로몬에게 하나님이 나타나셔서 지혜를 주심 (3장)

2) 솔로몬의 인재등용과 위용 (4장)

3) 솔로몬의 성전 건축과 일생의 사역 (5~8장)

4) 솔로몬의 명성 (9장~10:13)

5) 솔로몬의 부 (10:14~29)

C. 왕국의 분열 11~12:24

※ 하나님을 떠나므로(우상숭배) 말미암아 다가온 분열과 붕괴

1) 솔로몬의 배교 (변절)와 죽음 (11장)

2) 르호보암의 계승과 어리석음 (12:1~15)

3) 왕국의 분열되다 (12:16~24)

• 여로보암이 10지파의 왕이 되어 북방 이스라엘을 세우다.

D. 왕국의 쇠퇴 12:25~22:53

※이방 신을 섬기고 하나님을 멀리하므로 전체가 타락과 부패에 빠짐

1) 여로보암의 배교와 죽음 (12:25~14:20)

2) 르호보암과 유다의 무서운 배교 (14:21~31)

3) 유다 왕 (15:1~24)

4) 이스라엘 왕 (15:25~16:34)

5) 선지자 엘리야의 활동 (아합왕 시대에) (17~22장)

① 부패한 시대에 하나님은 선지자들을 세워 하나님의 말씀을 선포하시고 배교와 타락에 빠져 가는 하나님의 백성들을 깨우치셨다.

② 엘리야와 엘리사 선지자는 다른 선지자들에 비하여 많은 활동을 한 선지자들이지만 남겨 놓은 책은 없다.

③ 선지자들마저 타락한다면 어떻게 되겠는가?

열왕기 하

1. 주 제 : 순종하는 자 축복, 불순종하는 자 징계, 회개하는 자 용서 (왕상과 동일)

2. 중심말씀 : 하나님의 말씀을 따라 (1:17; 10:10; 17:23; 24:2)

3. 내 용

1) 열왕기상과 한 권의 책 : 원본에는 열왕기 상 · 하가 한 권의 책이었다. (사무엘 상 · 하, 역대기 상 · 하와 같이) 그런데 헬라어로 번역할 때 히브리어보다 (원본) 부피가 1/3가량 더 많아져서 나누어야 했다. 그래서 상권과 하권으로 나누었다. 왜냐하면 두루마리의 두께가 한정되어 있기 때문이다.

2) 열왕기의 시작과 끝

① 다윗 왕으로 시작하여 바벨론 왕으로 끝난다.

② 성전건축으로 시작하여 성전이 불타버리는 것으로 끝난다.

3) 이 책(열왕기하)의 범위 : 아합 왕에서 포로 되기까지 이스라엘과 유다의 역사를 포함하고 있으며, 그 기간은 약 3백년임.

4) 엘리야와 엘리사 선지자에 대한 기록이 많은데, 엘리야가 8가지의 기적을 행하였고, 엘리사는 16가지의 기적을 행하였다. "하나님 보시기에 악을 행하였더라"는 말이 21회 기록되었고, "하나님 보시기에 옳았더라"는 말은 8회 기록.

5) 열왕기 하에 대부분의 선지서들이 기록되었다.

- 13장 – 요나
- 14장 – 호세아, 요엘, 아모스
- 15장 – 이사야
- 16장 – 오바댜, 미가, 나훔
- 23장 – 예레미야, 하박국, 스바냐
- 25장 – 예레미야 애가, 다니엘, 에스겔

(북 이스라엘–호세아, 아모스/ 앗수르–요나, 나훔/ 에돔–오바댜)

하나님은 나라가 멸망하려는 위기의 때 그의 백성들을 경고하시기 위하여 선지자들을 보내셨다. 그러나 그들은 듣지 않았고, 오히려 핍박하였다.[6] 결국 진노로 그들을 적들에게 넘겨주었다. 애가는 이런 슬픔을 애통하면서 기록되었다.[7]

4. 내용분해

왕국의			
확립	번성	분열	쇠퇴
왕상 1~2장	왕상 3~10장	왕상 11장~12:24	왕상 12:25~왕하 25장
	출발 : 일천번제	출발 : 범죄로부터	

내용은 열왕기상 끝(쇠퇴)에서 계속된다.

1) 이스라엘과 유다의 왕들 (1~17장)

- 엘리야의 뒤를 이은 엘리사의 활동 (1~8장)

6) 마태복음 5:12 "기뻐하고 즐거워하라 하늘에서 너희의 상이 큼이라 너희 전에 있던 선지자들도 이같이 박해하였느니라"

7) 마태복음 2:17-18 "이에 선지자 예레미야를 통하여 말씀하신 바, 라마에서 슬퍼하며 크게 통곡하는 소리가 들리니 라헬이 그 자식을 위하여 애곡하는 것이라 그가 자식이 없으므로 위로 받기를 거절하였도다 함이 이루어졌느니라"

• 북 이스라엘이 멸망함 (17장)

2) 유다의 왕들 (18~24) – 이스라엘이 멸망을 받게 되어 주전 722년에 앗수르에 포로가 되었다. 18~24장은 유다가 남게 되어 주전 586년 유다의 멸망 전까지 계속되어진 왕위에 대하여 기록함

이스 유다의 역대 왕

이스라엘 역대 왕	통치 년수	성격	유다와의 관계	폐위 시킨 자	역 사
1. 여로보암	22	나쁨	전쟁		왕상 11:26~14:20 대하 9:29~13:22
2. 나 답	2	나쁨	전쟁	바아사	왕상 15:25~28
3. 바 아 사	24	나쁨	전쟁		왕상 15:27~16:7 대하 6:1~6
4. 엘 라	2	술주정꾼	전쟁	시므리	왕상 16:8~10
5. 시 므 리	7일	암살자	전쟁	오므리	왕상 16:10~20
6. 오 므 리	12	극히 포악	전쟁		왕상 16:16~27
7. 아 합	22	극히 포악	전쟁		왕상 16:28~22:40 대하 18:1~34
8. 아하시야	2	나쁨	평화		왕상 22:40, 51~53 왕하 1:1~17 대하 20:35~37
9. 요 람	12	나쁨	동맹	예후	왕하 3:1~3, 9:14~25 대하 22:5~7
10.예 후	28	나쁨	전쟁		왕하 9:1~10:36
11.여호아하스	17	나쁨	전쟁		왕하 13:1~9
12.요 아 스	16	나쁨	전쟁		왕하 13:10~25, 14:8~16 대하 25:17~24
13.여로보암2세	41	나쁨	평화		왕하 14:23~29
14.스 가 랴	6개월	나쁨	평화	살룸	왕하 15:8~12
15.살 룸	1개월	나쁨	평화	므나헴	왕하 15:13
16.므 나 헴	10	나쁨	평화		왕하 15:14~22
17.브가히야	2	나쁨	평화	베가	왕하 15:23~26
18.베 가	20	나쁨	전쟁	호세아	왕하 15:27~31 대하 28:5~8
19.호 세 아	9	나쁨	평화		왕하 17:1~41

유다의 역대왕	즉위한 나이	통치 년수	성 격	이스라엘과의 관계	역 사
1. 르호보암	41	17	나 쁨	전 쟁	왕상 12:1~14:31 대하 10:1~12:16
2. 아 비 얌		3	나 쁨	전 쟁	왕상 15:1~8 대하 13:1~22
3. 아 사		41	좋 음	전 쟁	왕상 15:9~24 대하 14:1~16:14
4. 여호사밧	35	25	좋 음	평 화	왕상 22:41~50 대하 17:1~20:37
5. 여 호 람	32	8	나 쁨	평 화	왕하 8:16~24 대하 21:1~20
6. 아하시야	22	1	나 쁨	동 맹	왕하 8:25~29; 9:27~29 대하 22:1~9
7. 아달랴 (여왕)		6	나 쁨	평 화	왕하 8:18;25~28;11:1~20 대하 22:1~23:21; 24:7
8. 요 아 스	7	40	좋 음	평 화	왕하 11:1~12:21 대하 22:10~24:27
9. 아 마 샤	25	29	좋 음	전 쟁	왕하 14:1~14 대하 25:1~28
10. 웃시야 (아사랴)	16	52	좋 음	평 화	왕하 15:1~7 대하 26:1~23
11. 요 담	25	16	좋 음	전 쟁	왕하 15:32~38 대하 27:1~9
12. 아 하 스	20	16	나 쁨	전 쟁	왕하 16:1~20 대하 28:1~27
13. 히스기야	25	29	좋 음		왕하 18:1~20:21 대하 29:1~32:33
14. 므 낫 세	12	55	나 쁨		왕하 21:1~18 대하 33:1~20
15. 아 몬	22	2	나 쁨		왕하 21:19~23 대하 33:21~25
16. 요 시 야	8	31	좋 음		왕 22:1~23:30 대하 34:1~35:27
17.여호아하스	23	3개월	나 쁨		왕하 23:31~33 대하 36:1~4
18. 여호야김	25	11	나 쁨		왕하 23:34~24:5 대하 36:5~7
19. 여호야긴	18	3개월	나 쁨		왕하 24:6~16 대하 36:8~10
20. 시드기야	21	11	나 쁨		왕하 24:17~25:7 대하 36:11~21

잠 언

1. **주 제 :** 지혜자의 삶

2. **중심말씀 :** 여호와를 경외하라

3. **기록연대와 저자**

주전 970~930년과 700~400년에 하나님의 영감으로 쓰인 책으로, 여러 다양한 저자들에 의해 쓰였다. 그러나 대부분 솔로몬에 의해 쓰였기 때문에 솔로몬의 잠언이라고 하였다. 솔로몬 외에 아구르, 르무엘과 같은 사람들의 기록도 있다.

4. **잠언이란?**

잠언이란 말은「옛날부터 되풀이하여 전해오는 말」로「행위 지침」혹은「교훈을 짧게 말한 것」이다. 잠언은 특별히 후 세대에게 가르치기 위한 것인데, 가장 오래된 교육서다. 솔로몬이 후대를 가르치기 위해 당시 여러 지방과 나라에서 사용하던 교훈들을 모아 집대성한 것이라고 할 수 있다.

잠언이 유래된 곳은 중동지방이다. 고대부터 모든 나라가 나름대로의 잠언을 가지고 있어 왔다. 거의 모든 유럽에서 사용되는 잠언도 근원을 좇아가면 중동에서 시작되었다. 탈무드도 동일한 의미에서 생각할 수 있다.

5. 잠언의 목적과 역사적 배경

잠언은 책이 없고 비싼 시기에도 잘 알아 볼 수 있도록 분명한 문장으로 기록되었다. 잠언은 인간의 지혜를 넘어서 우리의 삶을 다스리는 하나님의 지혜를 말씀해 준다. 그래서 잠언의 가장 큰 주제는 "여호와를 경외하는 것이 지식의 근본" 이다. 잠언은 성도들이 하나님을 경외하고 일상생활에서 다방면으로 적용할 수 있도록 돕기 위해 기록되었다. 백성을 무지와 오류에서 비롯되는 어둠과 사망의 영역에서 구원하여 하나님이 의도하시는 대로 생명의 영역으로 들어가도록 하기 위함이다. 그러나 오늘날 잠언은 간직만 하고 실제 상황에 많은 영향을 미치지 못하고 있는 것은 대단히 유감스런 일이다.

《잠언은 다음과 같은 유익을 준다.》

첫째, 지혜와 훈계를 통해 하나님의 백성의 바른 삶을 알게 한다.
둘째, 명철의 말씀을 깨닫게 한다.
셋째, 훈계에 따라 온전한 삶을 살게 한다.
넷째, 어리석은 자를 슬기롭게 한다.
다섯째, 잠언과 비유의 말과 오묘한 말을 깨닫게 한다.

6. 다양한 표현방법

교훈(1~9장), 격언(10:7, 11:24 등), 수수께끼(1:6, 6:16~19),

우화(5:15~23)

찬양시(1:20~33), 예화(7:6~23, 24:30~34), 자서전적 이야기와 고백(4:3~9)

7. 내용분해

A. 서론 1:1~6

권면이 "내 아들아(1:8)"로 시작한다. 여기서 아들은 젊은이들에 대한 호칭이다.

B. 지혜 : 여호와를 경외하게 함 1:7~2:22

- 지혜와 존경받는 자의 삶 (1:7~9)
- 지혜는 재앙을 면하게 한다. (1:10~33)
- 지혜의 효용성 (2장)

C. 지혜 : 우리의 길을 인도하고 온전케 함 3~4장

- 지혜자가 받는 복과 가치 있는 삶 (3장)
- 지혜를 얻으라. 환란을 면하게 하리라 (4:1~19)
- 지혜자와 건강 (4:20~27)

D. 지혜 : 정결한 삶 5~7장

- 지혜자는 정결한 삶을 산다. (5~7장)

E. 지혜 : 지혜로운 자와 어리석은 자 8~15장

- 지혜의 가치와 우총 (8장)
- 지혜로운 자와 어리석은 자 (9~14장)
- 지혜로운 자의 언어생활과 즐거움에 이르는 삶 (15장)

F. 지혜 : 범사에 주권자 되시는 하나님을 인정함 16~22장

- 모든 행사를 여호와께 맡기라 (16장)
- 미련을 버려라 (17장)
- 좋은 이웃이 되라 (18장)
- 경건하게 살라 (19~22장)

G. 지혜 : 인간관계에 관한 교훈 23~26장

- 탐욕과 부정을 경계하라 (23장)
- 악인의 형통을 부러워 말라 (24장)
- 지혜롭게 행하라 (25~26장)

H. 지혜 : 올바른 삶의 태도 27~29장

- 생활에 대하여 (27장)
- 법과 재물에 대하여 (28장)
- 고집에 대하여 (29장)

I. 아굴의 교훈과 어머니의 잠언 30~31장

- 아굴의 교훈 (30장)
- 현숙한 여인 (31장)

전 도 서

1. 주 제 : 사람의 본분

2. 핵심구절 : 12:13~14

3. 저 자 : 솔로몬(1:1)

4. 특 징

1) 메시지

이 책의 메시지는 하나님과 떨어진 삶은 두려움과 절망뿐이라는 것을 가르친다. 전도서와 아가서는 둘 다 솔로몬이 쓴 것으로 서로 보완적이다. 전도서에서 주님 없이 비록 세계를 가졌다 하더라도 만족이 없다는 것을 배우고, 아가에서 우리가 주님의 사랑 가운데 있다면 우리는 말로 표현할 수 없는 주님의 행복을 누린다는 것을 가르친다.

2) 핵심 단어

① 강주 되는 단어가 많다. "해 아래"가 29번, "헛되다"가 37번, "하늘 아래"가 3번 "땅위에"가 7번이다. 그 가운데 핵심 단어는 "헛되다"이다.

② 기독교인은 단순히 "해 아래"서만의 존재가 아니라 "해 위에" 하늘에서 그리스도와 함께 앉은 존재이다. 해 아래의 사람이란

해 위에서의 존재와 비교해서 어찌 할 수 없는 존재를 나타내는 표현이다.

3) 경험

① 간혹 전도서는 "자연인의 책"으로 불린다. 이 책은 논쟁과 이성에 호소하는 책으로 솔로몬 자신이 하나님 없이 행복과 만족을 찾았던 어긋난 삶의 경험을 기록하였다.

② 이 책은 솔로몬이 겪은 비극적인 내면의 근원에 대하여 말한다. 또한 그렇게 방황하고 곁길로 가던 솔로몬이 어떻게 다시 바른 삶으로 회복하였는지를 분명하게 제시한다(12:1, 13~14).

4) 살펴야 할 것

볼테르와 같은 철학자들이나 불신자들은 전도서가 성경임을 부인한다. 그러나 신약성경에서 전도서의 원리를 많이 언급하고 있는 것을 보면 전도서가 정경이라는 사실에는 변함이 없다(12:14→고후 5:10 등). 단지 우리가 이해하지 못할 뿐 이다.

5) 과학적인 사실

전도서는 과학의 사실을 정확하게 언급한다(1:6–7 등). 누가 솔로몬에게 과학적인 사실을 가르쳐줬는지 모르지만 그 당시에 이미 과학적인 사실을 정확하게 제시할 수 있다는 것은 놀라운 일이다.

5. 내용 분해

A. 서론 – 행복에 대한 문제 제기 1:1~3

하나님 없이 어떻게 만족하며 행복할 수 있는가?
하나님이 없이 누렸던 모든 것이 결국은 헛된 것이었다.

B. 본론 – 인간적인 해결 방법 1:4~11:10

1) 과학에서 만족을 구했다(1:4~11). 새로운 것 없이 지긋지긋한 것만 되풀이됨
2) 지혜와 철학에서 구했다(1:12~18). 아무런 의미가 없었다.
3) 쾌락에서 (2:1~11) 환희, 술 취함, 건축, 소유, 부와 음악에서 만족을 구했다. 그러나 공허했다.
4) 물질주의 (2:12~26)
5) 운명주의 (3:1~15)
6) 이신론 (理神論) (3:16~4:16). 그러나 채우지 못했다.
7) 하나님 없는 종교 (5:1~9)
8) 부 (5:10~6:12). 그러나 만족이 없었다.
9) 도덕적인 삶에서 만족을 구했다. (7:1~11:10)

그러나 높은 도덕적인 수준도 만족이 없었다.

C. 결론 – 영원한 해결 : 하나님 12:1~14

1) 인간적인 해결방법은 결국 헛된 것이었다.
2) 결국 하나님께로 향할 수밖에 없다. 하나님만이 영원한 만족이시다.

아가서

1. 주 제 : 사랑의 힘

2. 핵심구절 : 아가서 8:5~7

2. 내 용 : 세상 속에서 솔로몬과 술람미 여인과의 실제의 사랑 이야기를 통해 영적인 관계 속에서 성도와 그리스도와의 연합에 대하여 계시한다.

4. 오해에 대하여

아가서는 성경 중에서 정경의 가치로 가장 이해하지 못하는 책 중의 하나다. 비록 그리스도인이라 하더라도 많은 사람들이 성경에 포함시켜야 하는지에 의문을 갖는다. 이런 오해는 아가서가 갖는 시적인 표현과 비유를 이해하지 못하기 때문이다.

유대인들은 아가서가 가장 거룩한 책 중에서 가장 위대한 내용을 담고 있다고 여겨 왔다. 그들은 잠언을 성전의 뜰로, 전도서를 성소로, 아가서를 지성소에 비유했다. 요나단 에드워드는 "아가서는 나에게 기쁨을 준다. 나는 아가서를 많이 읽으므로 시간이 흐를수록 이 기쁨은 점점 더 커졌다"고 했다. 우리에게 알려진 영적인 위대한 믿음의 사람들도 아가서 각 구절 속에서 즐거움을 얻었다. 그래서 "노래 중의 노래"라고 하였다.

5. 사랑의 가장 비밀한 관계

만남	멀어짐	만남	헤어짐	영원한 만남
1:1~2:7	2:8~3:3	3:4~5:1	5:2~6:13	7:1~8:14

A. 첫 번째 만남 1:1~2:7

1) 소개 : 솔로몬의 노래 중의 노래 (1:1)

2) 연합을 위한 입맞춤에 대한 소망 (1:2)

3) 신랑이 없지만 그 이름만으로도 그 사랑이 그 어떤 기쁨보다 크다. (1:3)

4) 연약함과 무가치한 존재에게 베푼 지난날의 은혜를 기억함 (1:4~6)

5) 비록 숨을지라도 맞으려는 열망 (1:7)

6) 어떻게 찾는지를 지시함 (1:8)

7) 드디어 왕이 자신의 모습을 드러내다. (1:9~2:2)

8) 신부가 만족하다는 것을 보여주는 증거 (2:3~7)

B. 첫 번째 멀어짐 2:8~3:5

1) 신랑과 신부의 사이가 떨어짐 (2:8~9)

2) 신부가 잠들다 (2:10)

3) 신랑이 사랑하는 자를 찾아 부르짖다 (2:11~13)

4) 신부가 은밀한 곳에 거함 (2:14)

5) 신랑이 갈보리를 향해 눈을 돌리다 (3:1~2)

C. 두 번째 만남 3:6~5:1

1) 파수군의 도움 (3:3)

2) 만남과 부탁 (3:4~5)

3) 여기서 술람미 여인을 처음 신부라는 이름으로 부른다. (4:8 이하)

4) 1장 : 친구 → 2장: 비둘기 → 4장 8절 이하에 신부라 불렀다.

5) 신부라 부름은 사랑하는 자와 영육 간에 완전히 하나 됨을 의미한다.

D. 두 번째 헤어짐 5:2~6:13

1) 다시 사랑하는 자 없이 시작한다.

2) 신부가 잠자다가 신랑을 생각하므로 일어나려했다.

3) 신부는 사랑하는 자를 찾느라 지쳐 일어날 수 없었다(5:8).

4) 신랑도 신부를 찾아 헤맨다(6:13).

E. 영원한 만남 7:1~8:14

1) 신랑을 만나러 가는 신부의 모습 (7:1~9)

2) 영원한 만남의 아름다움 (7:10~8:4)

3) 사랑의 속성 (8:5~14)

요 나

1. 주 제 : 하나님의 주권적 역사

2. 중심말씀 : 합당합니까? 4:6~11

하나님의 주권적인 역사에 반항하는 요나 선지자가 "...까?"로 항변한다.

감정의 노예가 되어 신앙을 잃어버린 요나의 모습을 통해 나의 모습을 보여준다.

3. 문헌의 가치

탁월한 문헌의 권위자인 찰스 리드는 요나서가 아주 작은 영역 속에 쓰여진 가장 아름다운 이야기라고 했다. 그러나 이 책의 형식은 현대 파괴적인 비평주의자들의 논쟁거리 중의 하나다. 요나서를 어떤 역사적 배경을 갖지 못한 단지 우화로 생각하는 것이다. 그러나 왕하 14:25에서 요나가 역사적인 인물임을 증거한다. 그리고 요나서의 내용이 진실임이 예수님에 의해 보증되었다(마 12:39~41). 그러므로 우리는 요나서가 꾸민 것이 아니라 사실이며, 우화가 아니라 역사적이라는 사실을 확신하는 데 결코 주저해서는 안 된다.

4. 선지자 요나에 대하여

1) 요나는 갈릴리 근처 사람으로 갓 지파다. 갈릴리에서 선지자가 나지 못한다는 바리세인들의 주장은 거짓이다. 나훔과 말라기 역시

갈릴리 사람들이다.

2) 요나는 엘리사와 같은 시대의 선지자다. 유대 정통주의자들 중에 더러는 요나가 엘리야가 살려 준 사르밧 과부의 아들이라고 한다.

3) 그는 최초의 선지자였으며 그의 예언은 왕하 14:25~27에 있고 전적으로 신뢰를 받은 선지자였다.

5. 요점

왜 요나가 하나님의 말씀에 불순종했는가?(4:2)

1) 비겁해서가 아니다. 이 책에는 그의 용기 있는 행동에 대해 많이 말씀한다.

2) 선교에 관심이 없었기 때문도 아니다.

3) 선지자로서 개인이 존경을 받기 위한 것도 아니다.

4) 하나님에 대하여 무지하였기 때문도 아니다.

그의 불순종은 잘못된 감정(애국심) 때문이었다. 니느웨는 당시 앗수르의 수도다. 앗수르는 이스라엘의 대적이다. 요나는 앗수르를 그대로 버려두어 그의 죄로 멸망되기를 바랐다. 그러므로 과거로부터 벗어나기를 원했다. 가서 그들에게 복음을 전하는 것은 구원받고 보호받게 하는 것이기 때문에 이것이 싫어 피하므로 하나님께 불순종하였다.

6. 교훈

1) 인간의 노력이 은혜로운 하나님의 목적(주권)을 좌절시킬 수 없다.

2) 하나님은 유대인의 하나님임과 마찬가지로 이방인의 하나님이시고, 이스라엘 백성들과 마찬가지로 이방인들을 향해서도 자비와

---

8) 로마서 3:29 "하나님은 다만 유대인의 하나님이시냐 또한 이방인의 하나님은 아니시냐 진실로 이방인의 하나님도 되시느니라"

사랑의 목적을 가지셨음을 하나님의 백성들에게 가르친다.[8)]

7. 요나의 상징적 의미

1) 마태복음 12:38~42에서 예수님은 요나가 자신의 죽으심과 부활하심에 대한 전형적인 본이라고 하셨다. 진실한 회개의 본을 니느웨 백성들이 보여주었다.

2) 요나를 통해 계시하시는 것은

① 그리스도에 대한 계시다.

② 이스라엘 백성의 전형적인 모형이다.

③ 하나님이 보내신 사자다.

8. 내용분해

A. 1차 요나를 부르심 1장

1) 선지자로 부르심과 사명 (1:1~2)

① 요나가 선지자로 부르심을 받음 (1:1)

② 요나가 받은 사명 (1:2)

니느웨 : 길이가 60마일, 넓이가 216 square miles, 60만의 인구

2) 부름에 대한 자세 (1:3)

① 요나는 고의적으로 하나님의 말씀에 불순종했다.

② 피하는 방법 – 낯을 피함, 반대방향으로 달아남

③ 어긋난 길로 가는 자에게 나타난 것 – "마침"

3) 나타난 결과 (1:4~17)

① 네 번이나 "예비하사" 라고 기록(1:17, 4:6~8).

② 선장에게 책망 받음 (1:6)

③ 자신의 문제임을 고백

④ 바다에 던져짐과 큰 물고기가 삼킴 (1:15~17)

• 선지자의 기도 2장

B. 2차 요나를 부르심

1) 선지자의 재 사명 (3:1~2)

① 2차 부르심을 받음 (3:1)

② 요나가 받은 사명 (3:2)

2) 부름에 대한 자세 (3:3~4:9)

① 외적인 자세 – 순종하다 (3:3~4)

② 니느웨의 회개와 하나님의 용서 (3:5~10)

③ 내적인 자세 – 행한 후에 불순종과 원망 (4:1~9)

C. 하나님의 책망 4:10~11

1) 하나님의 책망과 요나의 감정적 반항(4:3, 9)

2) 하나님의 관심과 사람의 관심(4:11)

호 세 아

1. 제 목 : 돌아오라(15회) 14:1~3

2. 주 제 : 타락한 길에서 돌이키기를 원하시는 하나님의 열심을 보여주심

3. 저 자 : 호세아

아모스, 이사야와 미가 선지자와 같은 시대의 선지자로 사마리아에서 활동하였다. 비록 늦게 사역을 시작하였으나 오랫동안 무지하고 헛된 것을 좇아가는 그 백성들에게 하나님의 말씀을 외쳤다. 후에 유대에서 은퇴하였다. 1:1에서 이 기간이 72년임을 알 수 있다. 그가 20세에 사역을 시작하였으면 92세에서 98세 사이에 죽었다는 뜻이다. 그러나 소선지서에 속하는 것은 활동한 내용에 따라 분류하기 때문이다.

4. 목 적

호세아는 수많은 세월 동안 주를 위해 헌신하였지만 매우 슬픈 내적 시련을 가진 선지자다. 그의 아내는 하나님이 맺게 하셨지만 믿음이 없었다. 호세아는 이런 내적인 슬픔을 통하여 이스라엘에 외쳤다. 이것은 항상 불신을 좇아가는 고멜과 같은 오늘날 나의 모습을 계시한 말씀이다.

호세아의 메시지는 주로 북방 이스라엘 열 지파를 향한 것이다. 에브라임이 35번 가량 언급되고 이스라엘의 이름도 자주 언급되는 반면에 유다는 적게(14회) 언급되고 예루살렘에 대한 것은 전혀 언급되지 않는다.

5 특 징

1) 시적인 문체를 가졌다.

2) 하나님에 대한 호세아의 자세는 남편과 아내와의 관계와 같다. 이는 교회와 그리스도와의 관계를 예시적으로 나타낸다.(＊엡 5:22-33)

3) 호세아서가 모든 예언서 중에 가장 어려운 책으로 알려져 있다. 실제로 호세아서를 연구하는 게 쉽지 않다. 다른 선지서와 같이 한 눈에 내용에 대한 어떤 질서를 찾기 어렵기 때문이다. 그러나 많이 연구하면 아름다운 맥을 찾게 된다.

4) 또 타락한 자들에 대하여 분명한 길을 제시하였다. 즉 호세아서는 호세아 선지자와 타락한 여인인 고멜과의 관계를 통해 예수 그리스도를 통해 타락한 인생을 회복시키시는 하나님의 끊임없는 사랑에 대한 말씀이다.

6. 내용 분해

A. 이스라엘의 비참한 상태 1장

1) 음란한 여인과의 결혼(1:2)

2) 두 아들과 딸 하나를 낳고 이름을 짓다(4~9).

3) 호세아의 결혼은 이스라엘을 가르치기 위함이다. (＊에스겔 4:12~15)

4) 2절에서 하나님과 떨어진 이스라엘의 고통이 시작되었음을 알다.

B. 이스라엘의 심각한 타락 2장

1) 호세아 아내의 고멜의 불신앙을 통해 이스라엘의 불신앙을 나

타낸다(1~5).

2) 막으심(6~7)

3) 징계(8~13)

4) 14절은 8:13절과 연결해서 또 다른 광야를 겪게 하심

5) 영원한 회복을 원하심(19)

C. 이스라엘을 위해 지불된 속전 3장

1) 비록 선지자의 아내가 그를 버렸으나 계속 사랑하게 하심(1)

2) 아내를 위해 주어진 조건에 동의하다(2).

3) 호세아의 권면(3)

4) 다윗이 이스라엘을 다시 통치한다(5)

D. 타락한 이스라엘에게 다가 온 무서운 결과 4~5장

1) 덕행이 없다(4:1~5절)

2) 고의로 무시함(4:6~11)

3) 우상숭배(4:12~5:7)

4) 유다와 이스라엘의 전쟁(5:8－15)

E. 이스라엘의 참회의 울음 6:1~3

1) 남은 자의 결심

2) 회개치 않은 자에게 사자와 같다(5:14), 회개한 자에게 온유하신 분

F. 이스라엘의 상처를 살피시는 하나님 6:4~13:16

1) 깊은 인내로 상처를 살피신다.

2) 이스라엘의 성격과 상태를 설명하기 위해 은유를 사용함
(6:4, 7:4,8,11,12 8:7,9, 10:1,11,12, 12:1)

3) 연민의 정(11:8)

G. 이스라엘에 대한 선지자의 마지막 호소 14:1-3

1) 전적으로 저들의 죄로 말미암아 된 상태를 고백하게 함

H. 이스라엘의 최후의 회복 14:4~9

1) 치료와 사랑(4)

2) 주님의 새롭게 하심과 성숙(5)

3) 아름다움과 향기(6)

4) 주와 동행함(7)

위대한 결론 14:9

요 엘

1. 주 제 : "주의 날을 바라보라" (1:15, 2:1,11,31 3:14)

2. 중심말씀 : 요엘 2:28~32

3. 저 자 : 요엘 – 요엘은 "나의 하나님 여호와" 란 뜻이다.

1) 성경에는 요엘이라 불리는 여러 사람이 있다.

그러나 1:1절의 짧은 구절 외에 그에 대하여 알려진 게 없다.

2) 요엘은 남방 유다에 예연한 선지자로 제일 첫 번째 선지자다.

4. 특별한 기록

1) 하나님을 거역할 때

- 심각한 메뚜기 재앙과 가뭄이 전 국토를 황폐화시켰다(1:4).
- 하나님은 때로는 사람이 지은 죄로 말미암아 자연의 재앙을 내리신다.
- 사무엘하 21:1
- 열왕기상 8:37~43
- 애굽에서의 재앙

2) 재앙의 결과 1:12, 20

3) 재앙을 주신 목적

하나님이 재앙을 내리셨지만 그 시대의 사람들은 하나님이 주신 것으로 깨닫지 못했다. 그만큼 완악했다. 요엘서는, 하나님이 왜 그런 재앙을 보내셨는지 그 백성의 영적 생활의 상태를 지적하고 근본적으로 그 백성들을 회개케 하여 하나님께로 돌이키는 데 있다.

5. 예언적인 면

1) 메뚜기 재앙은 더 무서운 또 다른 재앙을 예고하는 것이다.

2) 이 예언은 당시 이방 나라의 침입으로 부분적으로 성취되었다.

3) 그러나 가장 큰 재앙은 마지막 날에 이뤄질 것이다.

6. 분해 〈여호와의 날〉을 중심으로

A. 과거의 여호와의 날(심판)

1) 국가적 재앙에 대한 설명과 해석

① 유래 없는 메뚜기 떼의 재앙 (1:1~12) → 그 결과 1:12

② 유래 없는 가뭄 재앙 (1:13~20) → 그 결과 1:20

③ 재앙에 대한 대책 (1:13~14) → 회개와 금식일을 선포

B. 미래의 여호와의 날(심판과 회복)

1) 주의 날을 예언하다. (2:1~11)

① 수많은 적들로 말미암은 피해가 있을 것

2) 이스라엘이 회개해야 할 이유 (2:12~17)

① 왜 이스라엘이 회개하고 주께 돌아와야 하는지에 대한 진정한 이유(12).

② 회개의 방법 : 마음을 찢으므로 돌아오라고. 진정한 회개를 촉구하심(13절)

C. 이스라엘의 회개르 통한 주님의 영광(2:18~29, 3:1~8, 17~21)

1) 축복 (2:18~27)

2) 성령 부어주심 (2:28~32)

3) 이방 나라 심판 (3:1~8)

4) 이스라엘 적에 대한 하나님의 도전 (3:9~16)

5) 충만한 왕국의 축복 (3:17~21)

아모스

1. 주 제 : 하나님의 공의로운 심판과 자비로운 회복

2. 중심말씀 : 네 하나님 만나기를 예비하라 (아모스 4:12~13)

3. 저 자 : 아모스

1) 드고아 사람 – 예루살렘에서 12마일, 베들레헴에서 6마일 떨어진 유대 땅

2) 왕족인 이사야나 제사장인 예레미야와 같지 않은 평범한 목자였다(1:1).

3) 호세아와 요나와 같은 시대 사람

– 유다인이지만 이스라엘에 살면서 이스라엘에 대하여 예언하였다.

4. 시 대

1) 지진이 일어나기 2년 전(1:1), 벧엘에서 선지자 사역을 시작하였다.

아모스는 이 지진을 이미 예언하였다(5:8, 6:11, 8:8, 9:5).

2) 이 지진은 300년 후에 스가랴 선지자가 기록할 정도로 심각한 것이었다.

• 아모스 1:1과 스가랴 14:5 비교[9)]

5. 전형적인 일군

1) **자기를 낮춤 :** 아모스는 그의 지난 과거 생활과 직업에 대하여 숨김없이 나타내었다. 그는 천한 신분으로 태어난 것과 직장에 대하여 알려지기를 부끄러워하지 않았다. 곁길이란 그에게 없었다(7:14).

2) **부지런함 :** 그의 직업 때문에 그는 종종 외로운 생을 살았다. 그러나 이런 기회를 하나님과 교통하는 데 보냈고, 자연을 더 세밀히 바라보는 계기가 되었다. 이 책 곳곳 에 기록된 예증은 그의 일상 생활로부터 이끌어 온다. 보는 것과 생각하는 것이 대단히 날카롭다. 그래서 그를 족집게와 같다고도 한다. (1:3, 2:9, 4:9)

3) **지혜 :** 그는 백성의 지도자들에게만 설교하지 않았다. 모두에게 설교했다.

4) **날카로운 통찰력 :** 먼저 그들의 대적에 대하여 말하므로 백성들의 주의를 이끌었다. 부수적으로 이 책은 설교에 대한 논문을 제공하고, 하나님의 전형적인 일군으로서 아모스를 그리고 있다.

5) **충성심 :** 그는 백성들의 귀를 치켜 올리는 사람이 아니다.
백성들의 양심을 바르게 이끌며 신실하게 대하였다.

6) **강인함 :** 그는 하나님이 그에게 맡긴 사명에서 결코 돌이키지 않았다(7:10~17). 그는 그의 눈을 하나님께 고정하였다.

7) **메시지 :** 그는 "여호와께서 이와 같이 이르노라"라고 말하면서 메시지가 하나님께로부터 온 것임을 말하였다. 이는 하나님이 버리

---

9) 아모스 1:1 "유다 왕 웃시야의 시대 곧 이스라엘 왕 요아스의 아들 여로보암의 시대 지진 전 이년에 드고아 목자 중 아모스가 이스라엘에 대하여 이상으로 받은 말씀이라"
스가랴 14:5 "그 산 골짜기는 아셀까지 이를지라 너희가 그 산 골짜기로 도망하되 유다 왕 웃시야 때에 지진을 피하여 도망하던 것 같이 하리라 나의 하나님 여호와께서 임하실 것이요 모든 거룩한 자들이 주와 함께 하리라"

신 시대에 적합한 말씀이었다.

6. 메시지

아모스가 전한 것은 하나님의 징벌에 대한 것이다. 그의 메시지는 사치와 방탕한 시대에 귀족들과 관원들의 어긋난 삶에 대하여 경고한 것이다(4:1). 그래서 저주의 선지자라고도 한다(4:2~3). 민족의 범죄는 민족의 징벌로 이어졌다. 민족은 이 세상에서 이 시대가 가기 전에 심판을 받는다. 세상 역사가 이를 증거한다. 반면에 개인적인 죄는 백보좌 앞에서 심판을 받게 될 것이다.

7. 내용분해

A. 열변

1) 주위 민족들에 대한 징벌 (1장~2:3)

① 하나님이 이스라엘에 주신 땅을 정복하고 있는 주위 민족에 대한 예언

다메섹(1:3~5), 가사(6~8), 두로(9~10), 에돔(11~12), 암몬(13~15), 모압(2:1~3)

② 그는 명백히 이스라엘에 보내졌지만 그의 사역은 여섯 이방 민족에 임할 임

박한 심판을 알리므로 시작한다. 이스라엘의 주의를 집중시키기 위해, 하나님은 죄와 관계한 사람들에게 경배를 받으시는 분이 아니시라는 것을 이스라엘에 보여주심

B. 선언

1) 유다와 이스라엘에 대한 징벌 (2:4~16)

① 하나님의 진노의 천둥이 치는 듯 한 폭풍이 모든 주위 왕국에 충만하다.

유다에도 임하시고 결국 부서뜨리듯이 이스라엘에도 임했다.

② 징벌을 받을 이유(2:4,6,7,8 등)

2) 이스라엘에 대한 세 가지 설교 (3:1~6:9)

첫째설교 : 이스라엘에 대한 심판 (3장)

둘째설교 : 이스라엘의 죄 (4장)

셋째설교 : 이스라엘의 애가 (5~6장)

① "들어라" 고 시작한다.

② 이스라엘에 대한 설교

③ 주제 - "주를 찾으라"

C. 계시

1) 이스라엘에 대한 환상 (7:1~9:10)

메뚜기(7:1), 불(7:4), 다림줄(7:7), 여름과일(8:1), 제단 곁에 서신 주님(9:1)

D. 회복

1) 모든 이스라엘의 회복 (9:11~15)

여기서 주님의 재림과 다윗 왕국의 확립을 예언하였다.

회복(11) → 소유(12) → 번영(14) → 영원한 기업(15)

이 사 야

1. 주 제 : 여호와의 심판과 은혜를 통한 그 백성을 구원하심(이사야 43:1~3)

2. 개 요

성 어거스틴이 구원의 확신을 가진 후 암부르시우스에게 어느 성경을 연구하는 게 가장 좋은지를 물었다. 암브로시우스는 이사야서라고 했다. 구약의 어느 성경 보다 하나님의 은혜를 분명히 밝히기 때문이다. 그래서 이사야를 구원의 선지자라 하며 이사야서를 제 5복음서라 한다. 가장 품위 있고 풍부한 어휘와 문체로 기록되었다.

이사야서는 성경의 축소판과 같다. 66장 중에 첫 39장은 우상숭배와 하나님의 심판을 기록하여 구약을 나타내며 나머지 27장은 소망의 메시지를 통해 신약을 나타낸다. 특별히 이사야는 신약성경에 가장 많이 인용되었다. 특히 53장은 신약에 85번이나 직·간접으로 인용되었다.

1) 이사야 선지자

이사야는 왕족 출신이다. 그의 아버지 아모스는 유다왕 요아스(웃시야왕의 조부)의 동생이다. 그는 누구보다 강직한 사람이며, 정치가로 이스라엘에서 영향력을 끼친 인물이었다. 최소 두 아들을 두었다(사7:3, 8:3). 60년 동안(BC 740~680) 활동, 므낫세 때 120세에 순교 당했다.

2) 문체

이사야를 가장 위대한 선지자라고 부르듯이 그의 문체는 모든 선지서 가운데 가장 아름답고 기품 있다. 36~39장을 제외하고 이사야서는 위대한 시로 표현되었다. 풍성한 은유로 되어 있으며 연구할 때 많은 자료를 얻는다.

3) 특징

① 이사야서에는 7가지 계속 되풀이하는 단어가 있다. 구원(45:17), 빛(60:19), 기쁨(35:10), 능력(26:4), 자비(54:8), 언약(55:3), 심판(33:14)이다. 이는 곧 가장 중요한 영적인 원리가 있다는 것을 의미한다.

② 이사야서는 메시아 예언에 대하여 가장 풍성하게 기록하였다. 탄생(7:14, 9:6), 족보(11:1), 기름 부으심(11:2), 성품(11:3,4), 소박하고 단순한 삶(7:15), 온유하심(42;1~4), 죽으심(53장), 부활(25:8), 영광스러운 통치(11:3~16, 33장).

③ 성령에 대한 가르침 11:2, 32:15, 40:7, 42:1, 44:3, 59:19,21, 61:1, 63:10

④ 위로에 관한 교훈 40:1, 51:3,12 66:13 등

⑤ 삼위일체에 대한 암시 6:8(우리)

⑥ 전쟁의 끝에 대한 예언 2:4, 11:9, 14:7

⑦ 세 가지 복 30:18, 32:20, 56:2

⑧ 이스라엘의 왕으로서의 주님 6:5, 44:6 43:15

⑨ 이스라엘의 남은 자의 구원 1:25~27, 2:2~3, 6:13, 11:11, 18:7, 27:12~13

4) 중요한 단어

① 이스라엘의 "거룩한 자"라는 말이 이 책에서 두드러지는 단어다. 이는 시편 71, 78, 79에 나타나 있고 예레미야 50, 51장 그리고 왕하 19:22에 있다. 이사야서에는 33번 나온다. 6장에서 "거룩하다, 거룩하다, 거룩하다"고 외치는 천사의 외침에 깊은 영향을 받았다. 그래서 하나님을 거룩한 분으로 생각했다.

② 또 하나는 "구원"이다. 시편을 제외하고는 다른 어떤 선지서에서 여호와의 구원이라는 말이 그렇게 자주 언급되는 것을 찾아보기 힘들다. 그래서 이사야서를 구약의 복음서라고 한다.

3. 내용 분해

A. 하나님의 심판 1~39장

1) 책망 (1~5장) — 가장 극렬한 단어로 이스라엘 백성의 죄악상을 지적함

① 각종 죄악

a) 유다의 죄악 (1:2~9) b) 형식적인 종교 (1:10~20)

c) 불의와 패역 (1:21~31) d) 우상숭배와 교만 (2:6~18)

e) 탐욕, 오만함, 술취함, 불의 (5:8~23)

② 죄악을 범하는 무리들

a) 일반 백성들 (1:3)

b) 지도자들 (3:8~15)

c) 여자들 (3:16~26)

③ 이런 이스라엘 백성들에 대한 비유 (5:1~2) → 이런 백성을 구원하셨다.

2) 변화 (6장) — 웃시야 왕이 죽던 해 자신의 모습을 발견. 메시야에 대한 분명한 소망을 갖는다.

3) 구원의 예언 (7~12장)

임마누엘 탄생(7장), 오실 구원자(8:1~9:7), 북왕국의 추방자(9:8~10:4), 앗수르의 큰 왕국 형성(10:5~126)

4) 열방에 대한 심판 (13~23장) — 이방 나라들

바벨론(13:1~14:27), 블레셋(14:28~32), 모압(15~16장), 다메섹(17:1~11), 열방(17:12~14), 구스(18장), 애굽(19장), 두마(21:11~12), 아라비아(21:13~17), 골짜기—예루살렘(22장), 다시스—두로(23장), 땅(24장)

5) 왕국의 축복 (24~27장)

6) 화 있을 백성들 (28~33장) — 하나님의 백성들

에브라임(28장), 아리엘(29장), 패역한 자식들(30장), 도움을 구하러 애굽에 가는 자들(31~32장), 파괴자들(33장)

7) 심판과 축복 (34~35장)

8) 포로가 될 유다 (36~39장)

B. 하나님에 의한 회복 40~66장

1) 하나님의 백성들을 구원하심 (40~48장)

2) 고난의 종에 의한 회복 49~57장

배척당할 메시야(49~50), 높임을 받을 남은 자(51:1~52:12), 높임을 받을 종(52:13—53:12), 종으로부터 올 구원(54~57장)

3) 완성될 회복 (58~66장)

금식(58) → 죄 회개(59) → 구원의 소식(61) → 승리(63)

오바댜

1. 중심말씀 : 에돔에 대한 보복과 이스라엘의 회복 (1:15~21)

2. 저 자 : 오바댜 "여호와의 종(경배자)"

구약성경에는 몇몇 사람의 오바댜가 있으나 그 중에 누구인지 확실치 않다. 또한 언제 기록됐는지를 정하기가 매우 어렵다. 그러나 10~14절이 "예루살렘이 이방 나라의 침략으로 고통당하던 때" 임을 증거한다. 주전 850년과 주전 586년으로 나뉜다.

3. 목 적

구약성경 중에서 제일 짧지만 탁월한 예언을 기록한 정경이다. 이 책은 이스라엘의 영원한 대적 잔인한 에돔 족속에 대한 예리한 선언을 담고 있다. 즉 에돔의 특성, 경력, 무지함과 멸망에 대하여 말씀한다.

4. 역사적 배경

에돔은 이두메라고도 하는데 에서의 후손들이다. 그들은 교만하고 잔인한 백성이며, 야곱의 후손들(이스라엘)을 해치기 위해 기회를 찾고 있는 족속이다. 처음에는 군주들에 의해 통치 받았으나 후에 왕에 의해 통치되었다. 창세기 36장에 그 족보가 기록되어 있다.

에돔은 이스라엘이 애굽의 포로에서 해방되어 출애굽할 때 전성기를 이루었다. 당시 이스라엘 백성들이 광야에 있을 때, 에돔 족속이 끊임없이 괴롭혔다. 뿐만 아니라 예루살렘이 이방 나라에 고통을 받을 때, 에돔은 그것을 기뻐하였다. 잔인하게 약탈과 살인하는 데 참여했다(시편137:7). 하나님은 그래도 이스라엘로 하여금 에돔에게 친절하라고 하셨다(신23:7). 그러나 지금은 그들의 극악함이 진노의 잔을 가득 채웠다. 그러므로 저주와 파멸이 임했다. 이스라엘이 회복 된 후 바사왕 시루스가 그들을 정복하여 수많은 에돔인들을 살해했다. 마카비 시대에 유대인들에 의해 철저한 패배의 고통을 겪었다. 그 후 에돔은 서서히 이름과 함께 역사에서 사라졌다.

5. 내용 분해

1~9 오만한 에돔에 대한 심판예언

10~14 오만한 에돔이 심판받는 이유

15~16 에돔 심판을 통한 만국을 심판

17~21 이스라엘의 회복을 통한 그 백성을 회복시키시는 하나님

• 17~18절은 구원과 성화를 가리키는 복음의 보석과 같은 구절이다.

미 가

1. **주 제** ① 불법을 미워하시는 하나님
② 외식주의를 미워하시는 하나님
③ 용서를 기뻐하시는 하나님

2. **중심말씀 :** 하나님의 구하시는 것 (6:6~8)

3. **저 자 :** 미가

1) 1:1절에 언급한 그 이상 미가 선지자에 대하여 알려진 게 없다. 그는 유다에 속했으며 이사야와 동시대의 선지자다. 이사야 보다 17~8년 후에 사역하였다. 그는 비록 시골 사람이지만 그의 사역은 근본적으로 도시에 대한 것이었다.

2) 그의 이름은 "여호와 같은 이가 누구인가?" 라는 뜻이다(7:18). 그에게 하나님은 전부였다. 그는 하나님에 대하여 높은 성결, 의와 애정의 개념을 가졌다. 그는 놀라운 능력과 조용하면서도 건전한 판단을 하였으며 믿음이 있고 부드러운 가슴을 소유한 선지자다. 이런 성품을 주신 하나님을 찬양하였다(3:8)

4. **기억할만한 것**

이 책은 아래와 같은 이유에서 특별하다.

1) 아름다운 시가 가득한 매혹적인 문장이다.

2) 예루살렘에 대한 놀라운 예언이 있다(3:12).

3) 예루살렘의 미래의 영광을 기록하였다(4장).

4) 구세주가 탄생하실 장소(5:2).

5) 구약성경 중에서 영성에 대하여 가장 품위 있고 열정적인 선언 (6:6~8).

5. 인용

미가서를 인용한 세 가지 중요한 구절

1) 장로들이 미가 3:12절을 인용하다(예레26:17-18)

2) 동방박사들이 예루살렘에 이르러 미가 5:2절을 인용하다(마태 2:5,6).

3) 예수님이 12제자를 보내시면서 미가 7:6절을 인용하다(마태10:35-36).

6. 내용분해

A. 규탄 1~3장

1) 선지자와 청중들에게 (1:1~2)

2) 심판하러 오시는 주님에 대한 실제적인 설명 (1:3~4)

3) 심판이 이유 (1:5)

4) 사마리아의 멸망에 대한 예언 (1:6~7)

5) 유다의 침입 (1:8~9)

6) 결과적으로 일어난 두려움 (1:10~16)

7) 하나님을 떠나 불의를 행하는 자에 대한 규탄 (2장)

8) 지도자층에 속한 자들에 대한 규탄 (3:1~11)

9) 예루살렘의 멸망에 대하여 지리적인 면에서 예언하다. (3:12)

B. 위로 (4~7장)

1) 위로 (4~5장)

① 이스라엘의 범죄를 증거하던 주님이 다가올 영광을 선포하므로 이스라엘을 위로하신다. (4:1~5)

② 비록 흩어졌지만 이스라엘은 다시 모아지게 될 것이다. (4:6~8)

③ 바벨론에 포로 되었지만 구원받게 될 것이다. (4:9~13)

④ 이 모든 것은 영원하신 예수 그리스도로 말미암아 이뤄질 것이다. (5:1~3)

⑤ 이스라엘의 미래의 영광 (5:5~15)

2) 간청 (6장)

① 이는 주님의 간청을 나타내는 가장 감동적인 장이다. (6:1~5)

② 그는 영적인 경배와 섬김을 원하신다. (6:6~8)

③ 죄와 악에 대한 고발과 심판 (6:9~16)

3) 용서 (7장)

① 선지자의 탄식 (7:1~4)

② 가정에서도 속임과 미움이 틈탄다. (7:5~6)

③ 선지자가 하나님께로 향하고 적을 꾸짖다. (7:7~8)

④ 이스라엘의 죄에 대한 겸손한 고백 (7:9)

⑤ 마지막 청원 (7:14~17)

⑥ 여호와의 은혜의 승리 (7:18~20)

나 훔

1. 주 제 : 처절한 대적의 운명

2. 중심말씀 : 무엇을 꾀하느냐? (1:9)

3. 저 자 : 나훔

나훔은 엘고스 사람이다(1:1). 이곳에서 태어나 이곳에 묻혀 나훔의 무덤으로 지명된 곳이 있다. 엘고스는 멸망당한 니느웨(현지명 모술－이 지역에 한국군인 주둔하였다) 몇 마일 북쪽에 위치한 앗수르의 작은 마을이라는 학설이 유력하다. 그러나 어떤 학자들은 갈릴리에 있는 엘고스를 들기도 한다.

4. 역사적 근거

나훔은 갈릴리에서 활약하던 히스기야와 이사야와 같은 시대의 인물이다. 앗수르의 침공으로 10 족속이 포로가 될 때 그는 유다 지방으로 피했다. 그 후 예루살렘에 거주하면서 예언했는데, 7년 후 산헤립(앗수르 왕)에 의해 성이 포위되고 랍사게로 하여금 예루살렘 성민을 회유하는데(왕하 18~19장), 하나님의 역사로 앗수르 군대 185.000명이 한 밤에 죽음을 당했다(왕하 19:35). 이 내용을 예언한 것이 나훔 1:11－12이다.

5. 내 용

이 책은 니느웨의 멸망에 관하여 기록하고 있다. 니느웨는 앗수르의 수도로 100여 년 전 요나의 복음을 듣고 회개하였으나 계속 말씀과 하나님을 향한 삶이 결여되어 완전하게 돌이키지는 못했다. 그래서 이후에 교만과 타락이 극에 달해 하나님의 심판을 받게 되었다. 그들은 아주 악하게 되어 파멸에 떨어졌을 뿐 아니라, 그들이 영접하여 경배하였던 하나님을 거역하고 도전하므로 배교자가 되었다(왕하19:10~13).

하나님은 건방진 앗수르의 도전을 받으셨다(19:22~23). 니느웨 제국에 대하여 던진 최후의 완전한 예언을 기록하기 위해 나훔 선지자가 선택되었다. 이 제국은 격렬하고 잔인한 압제로 세워졌는데, 이제는 격렬하고 아주 특별한 방법으로 멸망되도록 운명되어졌다. 이 모든 예언이 86년 지나 이뤄졌다. **나훔서는 한 마디로 "드디어" 이다.**

6. 문 체

나훔은 하나님의 위엄과 능력 그리고 공의를 바탕으로 아름답고 살아 있으며 회화적인 시로 되어 있다. 그리고 하나님과 잔인하고 교만한 니느웨 제국 사이의 충돌을 그리고 있다. 학자들이 "어떤 소선지서도 나훔과 같이 담대하고 열정적이며 웅장한 책은 보지 못했다. 그의 예언은 규칙적이고 완전한 시의 형태로 되어 있다. 니느웨의 멸망과 와해에 대하여 가장 생생하게 표현하였다" 고 격찬하였다.

7. 내용분해

A. 심판자 1:1~8

1) 나훔서는 하나님이 누구시며 무엇을 하시는 분이심을 선포하면서 시작한다.

2) 하나님의 넘치는 위엄은 폭풍을 연상케 한다.

B. 심판 1:9~3:19

1) 니느웨에 대한 평결 (1:9~14)

① 희망이 사라짐에 대한 책망 (1:9)

② 니느웨를 지키는 자들이 술취함 중에 포로가 되다. (1:10)

③ 이는 랍사게를 가리킴이 분명하다. (1:11) → 왕하 18:17~37

④ 이름이 없어질 것이라 (1:14)

2) 적용 (1:15)

① 1장은 유다에 대한 경고로 끝을 맺는다. (1:15)

② 니느웨에 대하여 "그들이 죄악 된 길에서 돌이키지 않으면 하나님이 중히 그들을 다스릴 것이다"고 경고하신 후에 유다에 관하여 말씀하신다.

3) 니느웨 멸망에 대한 환상 (2장)

니느웨의 포로와 멸망에 대한 그림과 같은 묘사다. 그 뒤를 따른 파멸은 가장 생생하고 도표로 표시하는 듯하다. 나훔 선지자는 자신이 본 것을 듣는 자들로 하여금 이런 비극적인 장면의 놀라운 광경을 보게 하였다.

4) 니느웨 멸망의 불가피성 (3장)

① 승리자와 정복 (3:1~3)

② 뒤집어진 이유 (3:4~7)

③ 심판의 불가피성 (3:8~10)

④ 포로로 잡히는 데 대한 여러 가지 특별한 내용 (3:11~19)

하 박 국

1. 주 제 : 변화

2. 중심말씀 : 왜 그렇습니까? (1:3,13)

3. 저 자 : 하박국

1) 그는 선지자일 뿐 아니라(1:1) 레위인으로 성전에서 찬양하는 자중의 한 사람이다.

2) 1:5,6절을 살펴보면 미래의 일이긴 하지만 갈대아인에 대하여 말씀하고 있다. 그는 요아스 왕 통치 후반기에 살며 활동했다(왕하 22:18~20).

3) **개혁의 할아버지** : 하박국은 사실 개혁의 할아버지 격이다. 믿음으로 의롭게 되는 교리는 바울[10], 요한 웨슬레, 칼빈과 수많은 개혁자들이 하박국에서 배웠다.

4. 특 징

1) 탁월한 문헌

---

10) 2:4은 신약성경에 세 번이나 인용되었다.
로마서 1:17 "복음에는 하나님의 의가 나타나서 믿음으로 믿음에 이르게 하나니 기록된 바 오직 의인은 믿음으로 말미암아 살리라 함과 같으니라."
갈라디아서 3:11 "또 하나님 앞에서 아무도 율법으로 말미암아 의롭게 되지 못할 것이 분명하니 이는 의인은 믿음으로 살리라 하였음이라
히브리서 10:38 "나의 의인은 믿음으로 말미암아 살리라 또한 뒤로 물러가면 내 마음이 그를 기뻐하지 아니하리라 하셨느니라."

하박국 3장에 나타난 하나님의 자기 계시에 관한 설명은 웅장하고 탁월하다. 하박국서 전체가 다른 어느 선지서보다 구조에 있어서 시편에 가까운 서정적인 문체다. 특히 3:16~19절은 가장 탁월한 문체로 알려져 있다.

2) 대화체

① 이 책은 2/3가 선지자와 하나님 사이에 대화체로 되어 있다.

② 하박국은 '믿음의 선지자' 라고 불릴 뿐 아니라 '선지자들 중에 자유로운 생각을 가진 자' 이기도 하다. 그는 실제생활에 나타난 현실을 보고 그의 믿음을 하나님의 선하심과 의로우심에 맞출 수 없었다. 그러므로 "왜?" 라는 의문점을 가지고 하나님께 항변하였다.

③ 미스터리와 난처한 문제들이 있었지만 하박국 선지자는 그의 이름과 같이(포옹하다) 하나님을 껴안고 기도하면서 그의 항변을 하나님께 쏟아 부었다. 그리고 하나님의 설명을 인내하며 기다렸다(2:1).

5. 내용 분해

A. 하박국의 질문과 하나님의 답변

1) 첫째 질문과 답변 (1:1~11)

① 하박국의 질문 (1:1~4)

악이 세상에서 횡횡하고 계속되어지는 데도 하나님은 침묵하고만 계신다. 하박국은 악한 자들을 그냥 바라보고만 계심에 대하여 갈피를 잡지 못했다. 그래서 하나님께 그의 마음을 토해내었다.

② 하나님의 대답하심 (1:5~11)

하나님의 침묵하심은 무시나 무관심이 아니라 범죄한 나라를 벌하시기 위함이라고 하심.

2) 둘째 질문과 답변 (1:12~3:1)

① 하박국의 질문 (1:12~17)

하나님이 이스라엘 보다 더 악한 나라를 통해 하나님의 백성들을 징벌하실 수 있는가?

② 하나님의 대답 (2:1~20)

그들의 사악함을 염려하시고 머잖아 그들을 심각하게 징계하리라고 대답하시다.

B. 하박국의 찬양

1) 하나님의 품성 (3:1~3)

2) 하나님의 능력 (3:4~7)

3) 하나님의 목적 (3:8~16)

4) 하나님의 은혜 (3:17~19)

예레미야

1. 주 제 : 여호와의 심판과 은혜를 통한 이스라엘 백성의 구원

2. 중심말씀 : 타락, 회복, 고치심, 사랑 3:12

3. 저 자 : 예레미야

1) 예레미야의 생애

많은 선지자와 달리 예레미야는 자신에 대하여 많이 말하고 있다. 그는 태어나면서부터 제사장이었고 일찍부터 선지자적 사명을 받았다. 21세에 부름을 받았지만 경험도 없고, 연설도 부족하였다. 그러나 그는 하나님이 선지자 사역을 위해 그가 태어나기 전부터 기름 부으셨다는 확신을 가졌다.

그는 하나님으로부터 신적 재능과 사명을 받았다(예1:4~10). 그는 독신의 명을 받았다(16:2). 그가 선포한 메시지는 강하고 엄격하였다. 그의 사역은 그의 가정(12:6)과 그가 사는 예루살렘 사람들(11:18~23) 조차 받아들일 수 없는 것이 많았다. 그러므로 기득권자들에게 미움을 받았다. 실제로 많은 기득권자들이 이 그를 죽이려고 공모를 하였다(18:18). 그리고 그를 때리고 옥에 가두었다(20:1~3). 그는 폭행을 당하여 거의 죽음에 이르기도 했다(26장). 그는 몇 번이나 옥에 갇히는 고통을 당했다(37:11~15, 38장).

예레미야는 예루살렘이 멸망된 후에 바벨론 왕 느부갓네살에 의해

풀려나 새 정부를 도왔다. 그러나 후에 그의 뜻과는 달리 애굽으로 도망하는 데 강요당했다. 여기서 돌에 맞아 죽는다. 그의 사역은 40년이었다.

2) 예레미야의 성품

그는 엘리야와 같이 능력이 있거나 이사야와 같이 웅변적이거나 에스겔과 같이 신령한 사람이 아니다. 그는 소심하고, 움츠려드는 성격이며, 늘 혼자라는 생각을 했다. 그러면 하나님은 왜 이런 사람을 그렇게 엄한 사역을 위해 선택하셨는가? 하나님이 이와 같이 부드러운 성품의 사람을 사용하신 것은 엄한 심판의 메시지를 강력하게 전하고, 또 감성에 호소하려 하였기 때문이다. 사실 예레미야는 눈물로 호소하였으므로 예레미야를 가리켜 눈물의 선지자라고 한다.

4. 특 징

근래에 와서 구약성경 중 예레미야서를 시편 다음으로 가장 영적인 책이라는 견해가 많아지고 있다. 예레미야는 구약성경의 인물 중에서 가장 건강하고, 젊으며, 용기 있는 위대한 사람이다. 예레미야 31, 33장은 사랑과 슬픔과 위로를 나타내는 탁월한 구절이다.

예레미야서는 모든 성경 중에서 유일하게

1) 더 이상 이스라엘이 법궤에 대하여 말하지 않으리라는 것(3:16).

2) "새벽부터 부지런히 말하였다"는 구절이 11번 나온다(7:13).

3) 마음에 새겨진 율법(31:33, 비교 3:16)

4) 메시지 – 이 책에 "버렸다(forsaken)" 24회, "타락하였다(backsliding) 13회, "돌이키다(return)"가 47회 나온다. 예레미야서는 곁길로 나간 자들에 대한 메시지로 가득하다. 하나님의 백성들이 여호와를 버렸다는 뜻이다. 예레미야는 이런 백성들에게 하나

님의 임박한 진노에 대하여 경고하므로 어긋난 길에서 돌이켜 끊임없는 하나님의 사랑과 자비하심을 얻으라고 하였다. 하나님을 떠나 타락한 백성들에게 예레미야의 선포는 복음이었다.

5. 내용 분해

A. 부르심 : 예레미야를 부르심과 주어진 명령 1장

1) 소개 (1:1~3)

2) 부르심 (1:4~8)

3) 임무를 부여하심 (1:9~10)

4) 격려 (1:11~19)

B. 예레미야의 사역 2~51장

1) 예루살렘 멸망 전 유다에서 (2~38장)

51 가지의 특별한 예언

2) 예루살렘의 멸망 (39장)

예루살렘 멸망에 관한 사항

3) 멸망 후 예루살렘에 대한 애가 (40~42장)

역사와 예언이 섞여 있다.

4) 애굽에서 (43~51장)

① 유대에 대하여 (43~45장)

② 이방에 대하여 (46~51장)

C. 회고 52장

• 유다의 포로 : 먼저 심판에 대하여 말씀하고 예언된 심판의 성취로 끝맺는다.

예레미야 애가

1. **주 제** : 죄로 말미암는 고통

2. **중심말씀** : 분노의 대상에 대한 하나님의 사랑과 애증 (3:19~23)

3. **저자와 배경**

1) 이 책은 예루살렘의 세 번째 포위와 멸망 후에 예레미야가 썼다. 헬라 번역에서는 "이스라엘이 포로가 되고 예루살렘이 황폐화 된 후 예레미야가 예루살렘에 대하여 이 애가로 울며 애통하였다"라는 서문을 달고 있다. 그의 예언이 성취됨을 보고 기뻐하는 대신 그가 매우 슬퍼했다는 사실은 우리가 주의해야 할 충분한 가치가 있다. 파멸에 대하여도 예언해야 하는 선지자의 마음을 !

2) 예수님의 눈물이 떨어질 때 핏방울 같이 되도록 기도하셨던 겟세마네 동산이, 곧 예레미야의 석굴로 알려진 곳이기도 하다. 예레미야는 깊고 어둠만이 있는 이곳에서 멸망하는 도성을 바라보며 찢어지는 마음으로 이 애가를 지었다고 한다.

예레미야가 저주받은 도성과 민족을 위해 괴로운 눈물을 흘리는 이것은 겟세마네 동산에서 예수님이 예루살렘 도성과 온 세상이 죄로 말미암아 고통당하는 모습을 보고 눈물 흘리심을 예언하는 것이다.

3) 유대 애국자들은 매주 금요일 예루살렘에 있는 통곡의 벽에서 이

애가를 노래로 부른다. 이 책은 8월 9일 축제일에 유대 모든 회당에서 읽혀진다. 이 날은 그 민족이 당한 다섯 가지 큰 재앙을 애통하기 위해 정하였다.

4. 특 징

1) 견해

Whyte 학장은 다음과 같이 말했다. "거쳐 온 많은 시대와 지역에 슬픔을 나타내는 글들이 많았지만, 예레미야 같이 애통하는 마음을 가진 설교자와 작가는 태어난 적이 없다. 예레미야는 포로기의 위대한 선지자다" 고 하였다.

2) 예레미야 보다 위대하신 분

예레미야 애가를 통해 가장 위대하신 여호와 하나님의 사랑과 슬픔을 나타내었다. 애가를 통해 발견해야 하는 가장 중요한 것은 하나님의 백성들을 향하신 주님의 사랑과 슬픔의 모습이다. 애가에는 부패한 예루살렘 성의 멸망을 보여주는 배경에 예수님의 모습이 그려져 있으며, 많은 곳에 고난당하신 메시아에 대한 의미를 전달해 주는 말씀이 있다. (1:12, 2:15, 3:14,15,19,30)

3) 문체

각 애가는 이합체(첫 글자를 맞추면 하나의 단어가 되는 문체)로 쓰여졌다. 이합체로 기록된 것은 기억하기 좋게 하기 위해서다. 각 장은 22절로 되어 있고, 3장을 제외하고는 각 절은 22개의 히브리 알파벳순으로 되어 있다. 3장은 66절로 되어 있으며 22절씩 나뉘어져 있는 데 A,B,C....

순으로 22개의 알파벳이 각각 3절씩 되어 있다.[11] 마지막 5장은 불규칙적이다.

5. 내용 분해

애가에는 다섯 장으로 나누어진 다섯 편의 시가 있다. 마지막 장을 제외하고 각 시에는 예루살렘 성의 멸망하는 상태를 슬퍼하고 있다. 그의 백성을 엄격하고 맹렬히 다루시는 하나님의 공의가 기록되었다. 4장을 제외한 각 시는 주께 기도로 끝을 맺는다. 전체 구절 중 보배와 같은 구절은 3:22~23이다.[12]

A. 첫째 시 1장

예루살렘 성을 괴로워하는 슬픈 과부로 비유하였다. 자녀를 잃고 어둠에 홀로 앉아 슬퍼하는 홀로 사는 여인과 같이 나타내었다. 그래서 위로가 없다고(2,9,17,21), 평안이 없다고(3), 푸른 초장이 없다고(6) 탄식한다.

1) 재앙 속에 있는 도성 (1:1~7)

2) 심판 : 의로우신 하나님 (1:8~11, 18)

3) 지나가는 자 : 동정심에 호소 (1:12~19)

4) 기도 : 주님께 호소 (1:20~22)

B. 둘째 시 2장

예루살렘을 멸망 중에 괴로워하는 베일이 쌓인 여인으로 표현했다.

---

11) 히브리어 알파벳이 23개지만 마지막 sh와 s 발음을 하나로 보고 22개로 기록함.

12) 예레미야 애가 3:22-23 "여호와의 인자와 긍휼이 무궁하시므로 우리가 진멸되지 아니함이니이다. 이것들이 아침마다 새로우니 주의 성실하심이 크시도소이다"

예루살렘의 포위에 대하여 생생하게 묘사하였다.

1) 도성 : 포위와 멸망 (2:1~14)

2) 지나가는 자 : 조소와 잔인한 욕 (2:15~16)

3) 심판에 대한 예언 (2:17)

4) 기도 : 주님께 (2:18~22)

C. 셋째 시 3장

예루살렘을 심판하시는 하나님 앞에서 괴로워 슬퍼하는 선지자와 같이 묘사하였다. 구약 성경 중에 가장 놀라운 말씀 중에 하나로 사려 된다. 이 시는 예레미야가 그의 백성들의 고통과 슬픔을 자신의 것과 동일시하는 것에 있어서 다르다.

1) 도성 : 고난 중에 있는 선지자 (3:1~20), 소망 중에 있는 선지자 (3:21~36)

2) 심판 : 공의의 하나님 (3:37~39)

3) 민족에 호소 (3:40~54)

4) 하나님께 호소 (3:55~66)

D. 넷째 시 4장

예루살렘을 황금, 어둠이 짙어지는, 변질되고 지위에서 떨어진 것으로 표현한다.

1) 비교를 통해 포위된 도성에 대한 놀램을 묘사했다. (4:1~10)

2) 심판 : 공의의 하나님 (4:11~16)

3) 에돔의 잔혹함 (4:17~20)

4) 에돔에 대한 응보 (4:21~22)

E. 다섯째 시 5장

예루살렘 도성을 하나님께 탄원하는 간청자로 묘사했다.

1) 도성 : 재앙 (5:1~6)

2) 죄 : 고백 (5:7)

3) 고통 (5:8~18)

4) 하나님께 호소 (5:19~22)

스바냐

1. 주 제 : 나 여호와는 질투하는 하나님이니라. (출 20:5)

2. 중심말씀 : 질투 (3:8)

3. 저 자

1) 스바냐

이 책의 저자인 스바냐에 대하여는 거의 알려져 있지 않다. 1:1에 의하면 아마 히스기야의 후손으로 유다 왕궁의 왕자일 것이라고 추측된다. 그는 젊었으리라 생각되며 그의 이름의 뜻은 "보이지 아니하시는 여호와"다. 아마 2:3절[13]과 연관이 있을 것으로 생각한다.

2) 사역

그는 요시야의 통치(B.C 641~610) 초기에 사역을 시작하였다. 그는 니느웨의 멸망을 예언하였다.(2:13), B.C 612에 이뤄졌다. 1:4절에서는 갖가지 우상을 규탄하였으며, 요사야 왕에 의해 제거되었다. 그는 요시야 통치 하에 부흥을 위한 주된 책임을 맡았다. 전승에 의하면 그는 예레미야의 동지라고도 한다.

---

13) 스바냐 2:3 "여호와의 규례를 지키는 세상의 모든 겸손한 자들아 너희는 여호와를 찾으며 공의와 겸손을 구하라 너희가 혹시 여호와의 분노의 날에 숨김을 얻으리라"

4. 중요한 구절

1) "여호와의 날" 이 7번 언급됨.

이 책을 연구하는 중요한 열쇠다. (1:7, 8, 14, 18, 2:2, 3)

2) "그 중에" 라는 말이 3번 언급되어 있다. (3:5, 15, 17)

• 찬양 3:17 "너의 하나님 여호와가"

3) "질투" 는 두 가지다.

① 하나님과 연합할 수 없는 질투

믿음을 의심하게 해서 끊임없이 증거를 요구한다.

밀튼은 이런 질투를 '사랑의 지옥' 이라고 하였다.

② 자연적인 사랑에서 나오는 질투

하나님의 질투다(출20:5, 신4:24).

그는 그의 백성을 사랑하시기 때문에 그 사랑을 빼앗기는 것을 참지 못하신다.

전적으로 헌신하기를 원하신다. 이를 위해서라면 이 책에서와 같이 무서운 심판을 하시듯 무엇이라도 하신다.

5. 내용 분해

A. 심판을 위해 "그 중에 계시는" 여호와 1:1~3:8

이스라엘 전 땅에 삼킬 듯이 타오르는 여호와의 질투가 촛불처럼 타오르다.

1) 온 땅의 심판 (1:1~3)

2) 유다 왕국의 심판 (1:4~2:3)

3) 열방의 심판 (2:4~15)

• 주의 날 (부분적으로 느부갓네살 침공으로 성취, 완전한 성취

는 주님 재림시)

4) 예루살렘의 심판 (3:1~7)

- 선지자 시대의 예루살렘의 도덕적 타락 상태

5) 온 땅의 심판 (3:8)

B. 구원을 위해 "그 중에 계시는" 여호와 3:9~20

1) 이방인의 개종 (3:9~13)

2) 이스라엘의 회복과 구원 (3:14~20)

역대 상

1. 주 제 : 통치자로써의 여호와 하나님이 순종하는 자에게는 축복하시고 불순종 하는 자에게는 징벌하심.

2. 중심말씀 : 하나님의 통치 (역대상 17:11~14)

3. 내 용

1) 이 책은 바벨론 포로 중에 기록되었다(대하 36:22-23, 에스라 1:1-2).

2) 역대기서는 유다 왕국만을 기록하고 있다.

3) 저자는 왕들에 대한 것보다 성전과 의식에 대하여 더 많이 언급하고 있다.

4) 곳곳에 여호와의 공정하심을 강조하고 있다.

사무엘서와 열왕기서에서는 역사를 흘러온 그 사실대로 기록한 것이다.

역대기서는 이러한 역사를 하나님의 관점에서 바라본 것이다.

① 사울의 죽음에 관해 사무엘상 31장에서는 블레셋과의 전쟁 중에 죽었다고 기록한다. 그러나 대상 10장에서는 전쟁으로 말미암아 죽었지만 원인은 "범죄하였으므로 하나님이 그를 죽였다" 고 기술한다. (10:13~14) 따라서 블레셋은 여호와가 쓰시는 도구였다는 뜻이다.

② 예루살렘으로 법궤를 옮기는 사건을 사무엘서는 사무엘하 6장만 기록하고 있으나, 역대기서는 역대상 13, 15, 16장에 기록되어 있다. 성전, 법궤 이런 것이 선민에게 특별한 의미를 갖기 때문이다.

③ 사무엘하 11, 12장에서는 다윗의 범죄사건을 크게 여긴다. 그러나 역대기서에는 전혀 기록이 없다. 오히려 대수롭지 않게 여기는 인구조사를 큰 죄로 여기고 있다(대상21장). 이는 사무엘하는 인간의 정욕적인 범죄에 무게를 두었고 대상은 하나님의 능력을 무시하고 인간의 힘에 의지하는 불신에 더 큰 무게를 두었다는 뜻이다. 어느 것이 하나님 앞에서 더 큰 잘못인가?

④ 사무엘하 2:8은 사울의 아들이 이스보셋란 이름으로 기록한다. 그러나 역대상 8:33에서는 그의 이름이 에스바알 즉 바알의 사람이란 다른 이름으로 기록하였다. 이 아들은 사울이 배교한 후에 얻은 아들로 그 이름이 뜻하듯이 사울이 바알을 섬기고 있었음을 알 수 있다.

⑤ 이 책에서는 야곱의 이름을 항상 이스라엘로 부른다(1:34). 꼭 불러야 할 경우 설명을 붙였다. (16:12, 17)

⑥ 사무엘하에는 없는 성전건축을 위한 준비를 상세히 기록하였다(21:18~29장).

4. 내용분해

족보	사울	다윗	성전
1 ~ 9장	10장	11장 ~ 21:17	21:18 ~ 29장

A. 족보 (1~9장)

이 족보는 아담에서 다윗에 이르는 초기역사의 흐름을 나타낸다.

B. 사울 10장

사울의 버림받음과 죽음이 외롭게 기록되어 있다.

C. 다윗 11장~21:17

1) 다윗과 그의 곁에 있는 사람들 (11~12장)

2) 다윗과 법궤 (13~16장) (※ 다윗의 영화와 번성 14장)

3) 다윗이 성전을 지으려는 바램 (17장)

4) 다윗의 승리 (18~20장)

5) 승리 뒤에 오는 유혹(계수) (21:1~17)

D. 성전 건축을 위한 준비 21:18~29장

1) 성전을 위한 대지 준비 (21:18~22:1)

2) 성전을 위한 물질 준비 (22:2)

3) 제사장과 레위인의 조직 (23~26장)

4) 군대조직 (27장)

5) 총회에 대한 부탁과 솔로몬에 대한 권면 (28장)

6) 풍성한 은총과 솔로몬의 계승 (29장)

역대 하

1. 주 제 : 하나님을 찾음과 섬김(생명력 있는 종교와 승리의 삶의 비결)

2. 중심말씀 : 하나님이 함께 하시니 (1: 1)

3. 내 용

※ 선민의 역사를 열왕기는 왕을 기준으로 하고 대하에서는 교회(성직)를 기준으로 기록하였다.

1) 이스라엘의 번영에서 시작하여(1장) 이방 왕의 통치로 끝난다.(36장)

2) 열왕기상 7:8에서 솔로몬이 바로의 딸을 위하여 따로 궁을 건축하였다고 하였는데, 역대하 8:11에서는 그 곳이 예루살렘이 아니라는 것을 밝혀 주고 있다. 이는 우상숭배 자를 거룩한 성에 머물게 할 수 없었다는 것을 의미한다.

2) 여로보암이 배교 중에 금송아지 우상뿐 아니라 산당(마귀)을 섬겼다(11:15).

3) 아비아의 통치 중 그의 좋은 점을 열왕기서는 기록치 않고 있다. 그러나 역대기서는 그의 헌신적인 연설과 하나님께 부르짖음을 13:4~12에서 기록하였다.

4) 열왕기서에 없는 내용

① 선한 왕 아사가 병들었을 때 하나님을 무시함 (16:12)

② 선한 왕 여호사밧의 죄의 동맹을 지적하고 (17장)

• 이방과 결혼 • 이방과 군사동맹 • 이방과 상업교류

③ 왜 하나님이 웃시아 왕을 나병으로 치셨는지를 (26:16~19)

5) 히스기야 왕의 통치를 군사적인 면과 성전과 하나님 경배에 대한 부분으로 나눈다. 열왕기하에서는 개혁에 대하여는 3절(18:4~6), 군사적인 면은 3장인 반면, 역대기에서는 개혁은 3장(29~31장), 군사는 3절로 나타난다.

6) "여호와를 찾으라"와 같은 구절이 20번 이상이다.

4. 내용분해

솔로몬의 통치 : 1~9장	유다왕 열전 : 10~36장

A. 솔로몬의 통치 1~9장

1) 솔로몬의 기도 (1장)

2) 솔로몬의 성전건축 (2~7장) (6장—봉헌기도)

3) 솔로몬의 번영 (8~9장)

• 왕상 11장에서 솔로몬이 이방 여인을 취하므로 타락하게 된 것에 대한 기록이 없다.

B. 유다의 통치자들 10~36장

• 르호보암	10~12장	• 요담	27장
• 아비야	13장	• 아하스	28장
• 아사	14~16장	• 히스기야	29~32장
• 여호사밧	17~20장	• 므낫세, 아몬	33장

• 여호람	21장	• 요시아	34~35장
• 아하시야, 아달랴, 요아스	22~24장	• 여호아하스, 여호야김 여호야긴, 시드기야	36장
• 아마샤	25장	• 예루살렘 함락	36:17~23
• 웃시야	26장		

다니엘

1. 주 제 : 하나님의 주권적 통치 (2:20~22)

2. 내 용

1) 다니엘

다니엘은 바벨론의 느부갓네살 왕의 팔레스틴 1차 침입 때 바벨론에 포로가 되었다(1:1~4). 그는 유대의 귀족이다. 에스겔 선지자가 포로 되기 8년 전 16세의 나이로 바벨론에 포로 되었다. 여호야김 3년이었다.[14)]

그는 그의 일생 69년을 바벨론에서 보냈다(1:21). 최악의 장소에서 그는 경건하게 살았다. 그러므로 에스겔 14:14~20과 28:3에 의로운 사람의 모범으로 기록되었다. 비록 포로로 잡혀 있었지만 하나님께 헌신하고 섬기는 삶은 빛나가지 않았다. 그는 바벨론, 메데와 페르시아를 거치는 세 왕국에서 높은 지위를 얻어 강력한 정치적 사역을 행하였다. 주님은 마태복음 24:15에서 그가 기록한 다니엘서가 성령으로 기록된 책임을 인정해주셨다.[15)]

2) 선지자

그는 공적으로 는 나라를 섬기는 자로서 또 하나님의 선지자로 활동

---

14) 에스겔은 느부갓네살 왕의 2차 침입으로 예루살렘 성전이 멸망하기 10년 전인 25세의 때 바벨론으로 포로로 잡혀갔다.

15) 마태복음 24:15 "그러므로 너희가 선지자 다니엘이 말한 바 멸망의 가증한 것이 거룩한 곳에 선 것을 보거든 (읽는 자는 깨달을진저)"

하였다. 특별히 그의 예언은 동족 유대 보다 이방민족에 대하여 더 많이 취급하였다. 이는 다른 선지서에 없는 특이한 내용이다.

3) 메시지

주께 충성하고 순종하는 자는

① 때로는 세상적인 성공이라는 복을 받는다(1:9.20 2:48,49)

② 은밀한 것을 보여주신다(2:19, 22, 47)

③ 고통과 시련의 때에 함께 하시는 은총을 얻는다(3:25)

그리고

④ 교만한 자와(4:30~37), 하나님께 영광을 돌리지 않는 자를 경고(5:22~23).

⑤ 주된 메시지는 주님의 우주적인 통치다(4:25).

4) 꿈의 해석과 이적에 대한 기사

다니엘서에는 꿈을 해석하고 갖가지 기적에 대한 기사가 많다. 왜 이와 같은 기사가 많이 행하여졌는가를 이해하는 것이 포로 생활 중의 하나님의 역사와 그 백성들의 자세를 이해하는 데 중요하다.

① 하나님의 살아계심을 증거한다.

② 하나님이 온 세계에 어느 곳에서도 임재하시는 분임을 나타낸다.

③ 하나님은 이방 신들 위에 계시는 분임을 밝혀준다.

④ 하나님은 대국 위에 계시고 대국을 친히 다스리시는 분이심을 보여준다.

⑤ 어느 곳에서든지 우상을 섬기는 자는 멸망하고 하나님을 섬길 때 은총을 받는다.

• 결과/ 유대인들은 포로 이후 지금까지 우상을 섬기지 않는다.

3. 내용분해

A. 역사적인 것 1~6장

1) 이방 관습을 심판하심 (1장)

① 그의 새 이름이 벨드사살(바알이 좋아하는 자)로 개명된 것으로 보아 바알에 드려졌다고 볼 수 있지만 하나님을 섬기는 신앙을 포기하지 않았다.

② 왕궁의 음식을 그와 세 친구가 거절하였다.

③ 하나님이 그와 세 친구의 충성을 받아 복을 주시고 성공하게 하였다.

2) 이방 철학을 심판하심 (2장)

① 이방 철학은 꿈을 해석하지 못했다.

② 꿈을 해석하므로 이방 세계를 지배하는 계기가 되었다.

③ 뜨인 돌을 통해 이방 세계를 가루로 만드시고 하나님 나라를 세우심

④ 놀랍도록 황폐화 됨

3) 이방의 교만을 심판하심 (3~4장)

① 큰 신상을 세워 신격화해 바벨론 제국을 종교적으로 통일시키려 시도함.

② 이런 시도는 짐승에 의해 되풀이된다(계시록 13:11~15,

19:20)

③ 오늘날 제기되는 종교적 휴머니즘(박애주의)을 경계시킨다.

4) 이방의 불경건을 심판하심 (5장)

벨드사살의 죽음

5) 이방의 핍박을 심판하심 (6장)

① 다니엘이 시험받을 때 80세 였다.

② 다니엘이 "하나님을 첫 번째"로 두었을 때 하나님이 그를 보호하셨다.

③ 하나님이 그를 지극히 높여주셨다.

B. 환상과 예언 7~12장

1) 동물의 환상 (7장)

2) 양과 염소의 환상 (8장)

3) 70주의 환상 (9장)

4) 주의 환상 (10장)

5) 다니엘의 시대와 마지막 시대에 대한 예언 (11장~12:3)

※ 결론 (12:4~13)

에스겔

1. 중심말씀 : 주님의 영광 (1:28, 10:4, 43:2)

2. 내용설명

1) 에스겔 : 에스겔은 예루살렘의 귀족에 속하는 제사장이다(1:3). 예루살렘 성전이 멸망하기 10년 전인 25세의 때 바벨론으로 포로로 잡혀갔다(2차 침입). 그는 예레미야와 다니엘과 같은 시대의 사람이다. 바벨론에서 그는 자신의 집에 살았다(8:1). 결혼했지만 그의 아내는 예루살렘이 포위된 마지막 해에 죽었다(24:18). 그는 바벨론에 도착한 5년 후 30세에 그의 사역을 시작했다. 그 때는 예레미야의 위대하고 슬픈 사역이 끝나려는 때다.

2) 사역 : 거짓 선지자들은 예루살렘이 멸망하지 않을 것 같은 생각을 갖게 하고, 곧 예루살렘이 회복될 것이라고 했다. 이 소식을 예레미야가 듣고 예루살렘에서 그들에게 편지를 썼다(렘 29장). 에스겔의 사역은 그 해에 시작되었다. 예레미야의 증거를 지지하면서, 예루살렘으로 돌아가기 전에 먼저 하나님에게 돌아가야 할 생각을 갖게 하였다. 비록 그의 사역이 힘들었고 반대자들도 많았지만 결과적으로 보면 성공적이었다. 이스라엘이 하나님과 예루살렘으로 돌아가게 된 것은 그의 사역의 열매다.

3) 영적인 선지자 : 에스겔, 이사야, 예레미야를 위대한 세 선지자라

고 한다. 그들을 삼위일체 하나님께 비유해서, 예레미야를 성부 하나님의 선지자, 이사야를 성자 예수님의 선지자라고 하고 에스겔을 성령 하나님의 선지자라고 한다. 에스겔서에 영적 사역이 두드러지게 나타나 있다. 구약성경 나타나는 총 389회의 성령에 대한 언급 중 52회를 에스겔이 사용한다. 성령이 오셔서 내면을 변화시키심(36:26~28)과 백성을 살아 있는 군대로 회복시키심(37:9~10) 등이다. 그의 이름은 "하나님이 능력주시는 사람" 이다. 그 힘의 동기는 성령이다.

4) 주목할 만한 진리

① 에스겔 선지자는 어느 선지자 보다 애굽에 대하여 많이 언급한다. 이스라엘의 애굽에서의 우상숭배와 그로 말미암은 멸망에 관한 하나님의 생각을 배울 수 있는 것은 에스겔서 뿐이다(20:1~9). 멸망을 당할 수밖에 없었지만 그들을 남겨두심은 하나님의 이름을 위해서다.

② 이곳에서 사탄의 과거역사를 배울 수 있다(28:11~19). • 이사야 14:12~20

③ 지어질 새 성전에 대하여 자세히 알 수 있다(40~42장).

5) 내용에 나타나는 요점

① 에스겔서는 많은 사람들이 잘 읽지 않는 책이다. 에스겔서의 내용구성이 환상이 많아 이해하기 어렵기 때문이다. 그리고 포로기에 하나님이 주시려는 메시지의 중요성을 이해하지 못하기 때문이다. 그러나 에스겔서를 읽으면 읽을수록 더 큰 영적인 기쁨을 얻게 된다.

② 주제를 "주의 영광" 이라고 했는데 1~11장까지 이 말이 14회 나

타난다. 구약성경에서 "주의 영광"이란 하나님이 임재하시는 성막과 성전의 지성소에서 그룹 사이에서 비춰 보이시는 빛을 의미한다.

주의 영광이 떠나는 장면 : 성전이 멸망하기 전 에스겔 선지자는 주의 영광이 성전을 떠나는 것을 환상 중에 보았다. 9:3절에 짧게 말하고 10장에서 특별히 언급했다. 그가 본 바로는 언약궤와 그룹 위에 여호와의 보좌 같은 것을 보았다. 그 영광의 광채가 문지방으로부터 물러가는 것을 보았다(10:18−19). 천천히, 마지못하면서, 장엄하게 주의 영광이 떠났다.

주의 영광이 돌아오는 장면 : 43장에서 그 영광이 돌아왔다. 에스겔의 사역은 하나님의 비전으로부터 시작되어 백성들 중에 임하시는 하나님의 비전으로 끝난다. 그의 메시지는 범죄자와 회개치 않는 백성들에게는 엄격하신 하나님이시고 인내하는 자에게 선을 베푸시는 하나님으로 나타내었다.

3. 내용분해

A. 준비와 선지자의 부르심 = 하나님의 영광이 나타남 1~3장

1) 하늘이 열리고 보좌에 앉으신 하나님 아들에 대한 환상 (1장)

2) 사역자를 부르심 (2~3장)

3) 주의 영광이 나타남 (3:22~27)

B. 예루살렘 멸망에 대한 예언 = 주의 영광이 떠남 4~24장

하나님의 영광이 떠난 이유와 에스겔의 사역이 시작되다.

1) 예루살렘의 사로잡힘을 예언함 (4장)

2) 사로잡힘의 놀람 (5장)

3) 남은 자들의 보호 (6장)

4) 놀랍도록 황폐화 됨 (7장)

5) 귀족들의 우상숭배 (8장)

6) 남은 자에게 표시를 함 (9장)

7) 영광이 떠남 (10~11장)

8) 징벌이 연기되지만 확실함 (12장)

9) 거짓 선지자들 (13장)

10) 갖가지 비유와 중요한 교훈, 개혁과 회개에 이르도록 함 (14~24장)

C. 일곱 민족을 향한 예언 = 하나님의 영광과 백성들의 환경 25~32장

1) 그의 백성을 보호하시기 위해 행하시는 영광의 하나님.

2) 일곱 예언은 느부갓네살 왕의 예루살렘 포위를 알려주는 것 (24:2)

3) 예루살렘의 사로잡힘에 대한 소식 (33:21)

4) 하나님이 이방 민족을 대하심은 그들의 우상숭배 뿐 아니라 하나님의 백성에 대한 악한 행동을 보신다. 암몬, 모압, 에돔, 팔레스틴(25장, 35장), 두로(26~28장), 애굽(29~32장)에 대하여 예언하셨다.

D. 이스라엘의 회복과 관계된 예언 = 주의 영광의 회복 33~48장

예수 그리스도의 영광을 회복하기 위한 준비는 3년의 침묵 후에 주셨다.

① 참회자에 대한 회복의 약속 (33장)

⑦ 하나님 영광의 회복 (43장)

② 선한 목자 (34장)

⑧ 신비의 왕자 (44장)

③ 에스겔 복음 (36장)

⑨ 예루살렘의 분배 (45~46장)

④ 위대한 민족 부흥을 나타냄 (37장)

⑩ 생명수 강 (47장)

⑤ 이스라엘의 미래의 적들을 정복함 (38~39장)

⑥ 새 지성소 (40~42장)

⑪ 새 땅의 분배 (48장)

에스라

1. 주 제 : 하나님의 말씀으로.. 7:8~10

2. 기록연대 : BC 457

3. 저자와 배경

본 서의 저자인 에스라는 요시야의 통치 중 대제사장이었던 힐기야의 후예이다. 힐기야는 역대기하 34:14에 보면 율법의 사본을 발견하였다. 에스라는 제사장의 신분으로 태어났지만 바벨론 포로였으므로 제사장직을 수행할 수 없었다. 그 대신에 그는 하나님의 말씀을 연구하는데 자신을 드렸다(7:10). 그리하여 그는 율법의 위대한 해설자가 되었다.

에스라로 말미암아 온 이스라엘 백성들에게 읽혀지고 알려진 하나님의 말씀이 새로운 계시의 힘을 가지게 되었고, 포로 생활 후 지치고 곤고한 선민들이 하나님께로 돌아가는 데 새 힘을 주었다 (느 8~10장).

역대하, 에스라, 느헤미야서는 그 사회에 하나님의 말씀이 얼마나 희귀하였는가를 가르친다. 에스라서는 하나님의 말씀이 이스라엘과 유다 백성의 중심에 위치하고 있었다는 것을 증거한다.

에스라로 말미암아 하나님의 말씀에 대한 새로운 가치관이 생겼다. 하나님이 그 당시 그 사회에 자신들에게 무엇을 원하시는지를 알게 되었다. 뿐만 아니라, 진정한 부흥이란 바로 하나님의 말씀을 가까이 하는데 있음을 깨우쳐 준다. 비록 2,500년이 지났지만 에스라의 부흥운동은 오늘날 우리와 함께 한다.

4. 에스라와 느헤미야서의 차이

에스라서와 느헤미야서는 원래 3세기 까지는 한권의 책으로 취급되어 왔다.

에스라서는 교회의 관점에서 하나님께로 돌아올 것에 대하여 말씀하였고, 느헤미야서는 성도의 관점에서 하나님께로 돌아올 것에 대하여 말씀한다. 이들이 같은 성전을 건축하는 사역에 대한 말씀이지만 에스라는 성전건축에 대하여 말씀하고, 느헤미야는 성벽건축에 대하여 기록한 책이다. 에스라가 제사장으로 말씀을 가르친 성직자라면 느헤미야는 총독으로 이스라엘을 지도한 행정가다.

4. 내용분해

스룹바벨의 지도하에 돌아옴 (1~6장)	에스라의 지도하에 돌아옴 (7~10장)
1차 / 약 5만명(B.C 538)	2차 / 약 2천명(B.C 458)

※ 3차 / 느헤미야의 지도하에 돌아옴 (B.C 444)

A. 스룹바벨의 지도하에 돌아옴(약 5만명) 1~6장

1) 성전재건 준비 – 사람 (1~2장)

1:3-4 → 예언한 바와 같이 고레스왕의 통치 중에 돌아오게 되었다.
이교도들이 많은 예물을 주므로 그들을 도와주었다.
레위인들과 4천의 제사장도 돌아왔다.

2) 성전재단 건설 – 최우선순위 (3:1~7)

3:2 → 그들은 자신들을 위하여 가정을 생각하기 이전에 하나님의 집을 생각하였다. 그들이 건축한 순서는 벽이나 성전으로부

터 시작하지 않았다. 먼저 재단부터 건축하였다. 왜냐하면 먼저 하나님께 속죄사역을 드려야 했기 때문이다.

3) 성전재건 – 우선순위에 이어 (3:8~6:14)

먼저 재단을 건설하고 이어 성전의 지대를 놓고 성전을 건축하였다.

그러나 여러 가지 장애들이 있었다. 내적인 원인에서 오는 장애들도 있었고, 세상과의 관계에서 오는 장애도 있었다. 이러한 장애들은 하나님의 순수한 사람들의 마음을 낙심시켰다. 열심을 가지고 돌아온 저들을 낙심하게 하는 사건이었다.

① 교회는 세상을 의지해서는 안 된다는 것 (4:1~3)

② 하나님이 도움의 사람들을 예배하신다는 것 (학개와 스가랴)

③ 결국 성전을 건축하였다(6:14).

4) 성전의식 회복 (6:15~22)

포로에서 돌아와 23년 후에 성전을 완성하였다.

성전의식을 회복하므로 완전한 성전 중심의 삶을 회복함(제사와 절기를 지킴).

B. 에스라의 지도하에 돌아옴(약 2천명) 7~10장

1) 하나님의 말씀을 연구하는 사람들을 세움 (7~8장)

7:10, 12 → 하나님의 말씀을 진심으로 사랑하는 에스라.
에스라의 하나님에 대한 충성과 열심에 아닥사스다 왕이 감명을 받음

8장 : 바벨론(장소)을 떠나고(1) 불신관계(사람)으로부터 분리

(4)하다.

육체의 도움 보다 하나님의 도우심을 구함(8:21~23)

2) 말씀에 감동과 회개 (9장)

하나님의 말씀으로 인하여 회개 – 지도자(9:4~5)

에스라의 감동적인 기도와 고백(9:5~15)

3) 하나님의 말씀을 통한 이스라엘의 회개와 개혁 (10장)

전 백성들의 회개운동 (10:1~9)

죄의 동맹으로부터의 분리 (10:10~44)

학 개

1. **주 제** : 삶과 섬김에서 먼저 네 하나님을!

2. **중심말씀** : 성전을 재건하라! (1:1~5)

3. **기록연대** : "다리오왕 2년" (1절), 주전(B.C) 520년경

4. **저 자**

학개 선지자에 대하여는 스가랴 선지자와 연합하여 활동한 선지자라는 것 외에는 알려진 것이 없다. 아마 그는 포로 중에 바벨론에서 태어났을 것이다. 그의 이름은 **"나의 축제"**라는 뜻으로 포로에서 돌아올 것을 미리 내다보면서 기뻐하면서 지었던 것 같다. 그는 스가랴가 예언하기 2개월 전에 예언하였다. 스가랴가 3년 동안 예언한 것에 비해 학개는 3개월 24일만 예언하였다.

5. **배 경**

포로에서 돌아온 지 16년이 지났다. 에스라 3장에서도 언급하였지만, 그들이 포로에서 돌아와 먼저 생각하고 돌 본 것은 무너진 성전과 제단이었다. 그러나 어려운 문제들이 나타났다. 정치적인 음모가 건축을 중단시켰다. 그런데 어려운 폭풍이 지나갔어도 성전 건축에 임하지 않았다. 백성들의 열심과 열정이 식었다. 고통과 슬픔이 다가왔다(1:6). 산물이 그쳤다(1:10~11).

학개는 이 재앙이 무엇 때문에 임하였는가를 해석해 주고 그들의 잘못된 게으름과 낙심에서 벗어나도록 보냄을 받은 선지자다. 그 결과, 백성들이 순종하였고 아름다운 결실을 거두었다. (에스라 6:14) 24일 만에(1:1과 15절을 비교) 성전공사가 진행되었다.

7. 문체

성경 각 권마다 제각기 다른 문체를 가지고 있다. 학개의 문체는 평범하고 단순하며 무뚝뚝하고 사업적이다. 그는 생각과 주의를 일으키게 하는 질문 형태를 좋아했다(1:4, 2:3,12,13). "여호와가 말씀하셨다", "만군의 여호와"는 12회이나 각각 되풀이되었다. "생각하라"가 4회, "여호와의 말씀"이 5회이다.

8. 메시지

1) 삶과 섬김에서 '먼저 하나님'이 이 책의 주된 메시지다.
   학개서는 고린도전서 15:58에 대한 구약성경의 주석과 같으며 실제 예를 보여준다.
2) 학개는 하나님을 위한 모범 사역자로 우리가 본 받아야 할 선지자다.
   ① 자기 자신을 나타내지 않았다.
   ② 항상 "여호와가 말씀하시기를"이라고 외치는 여호와의 사자였다.
   ③ 책망과 비판과 함께 기뻐하며 말씀과 예를 통해 백성들을 칭찬하고 위로했다.
   ④ 그는 설교를 했을 뿐 아니라 실제로 활동했다(에스라 5:1~2).
   함께 세워야 할 성전이기 때문에 모두 참여하였다.

9. 내용분해

A. 9월 1일(1절) : 성전 재건의 호소 1:1~11

성전 건축하기를 중단한 이스라엘 백성들을 엄격한 메시지로 책망하다.

1) 성전 건축을 중단하고 변명하는 백성들에게 초점을 바르게 지적하다(1:1~4).

2) 회개를 촉구하다(1:5~11).

B. 9월 24일(15절) : 성전 재건에 순종 1:12~15

1) 효력이 일어나다(12).

2) 하나님이 학개에게 가장 편안한 메시지를 주셨다(13).

3) 메시지가 마음을 움직였다(15). • 에스라 6:14

C. 10월 21일(1절) : 재건될 성전의 영광 2:1~9

1) 그들이 힘썼지만 솔로몬의 성전에 비해 부족한 것 때문에 실망하다(2:1~5).

2) 학개가 지금이 이전의 영광보다 더 위대함을 전하므로 위로하였다(6~9).

사실인 것은 예수 그리스도(메시야)가 계시기 때문이다. • 요한 1:50~51

D. 12월 24일(10절) : 순종에 대한 하나님의 은총 2:10~19

1) 학개가 부정한 백성 중에 거하면서 묻고 답하다.

2) 그들의 부정을 고발하다(10~13).

3) 부정을 제하므로 하나님의 은총을 받다(14~19).

E. 12월 24일 : 스룹바벨에 대한 격려 2:20~23

1) 2:6,7에 이어 20~22절은 그들을 두렵게 했다.

2) 스룹바벨을 인장(signet ring)으로 삼으심(23)

3) 고통스러운 때에 어떻게 그들이 안전했는지를 깨닫게 하심.

스가랴

1. 주 제 : 자기 백성을 향한 하나님의 사랑과 돌보심

2. 중심말씀 : 나는 질투하는 하나님이니라. (8:1~3)

3. 저 자

1) 스가랴

① 스가랴는 회복과 영광의 선지자로 아마 바벨론에서 태어난 것 같다(에스라 5:1, 6:14절과 스가랴 1:1절). 아마 그의 아버지가 어릴 때 돌아가시고 그의 할아버지 잇도(느헤미야 12:4,16)가 키운 것 같다.

② 그는 선지자이면서도 제사장이다. 1:1에 함께 붙어진 세 이름이 중요한 의미를 주는 데, 스가랴는 하나님이 기억하시다. 베레키아(Berechiah)는 하나님이 복을 주시다. 잇도는 정한 때이다. 이 세 이름이 이 책의 뜻을 결정하는 열쇠다. 그래서 중심말씀을 "질투"라고 했다.

2) 사역

① 그는 그 보다 두 살 더 어린 학개와 같은 시대의 인물이다(2:4).

② 그는 예언으로 마음이 상한 사람들을 격려하였다.

③ 우리의 눈을 이끌어 슬픈 현실에서 떠나 미래의 영광이 임할

것을 바라보게 한다. 이런 격려는 하나님의 방법이다.

4. 문체

스가랴는 가장 위대한 영적 선견자 중의 한 사람이었다. 그가 기록한 성경 14장은 구약성경에서 기록된 가장 뛰어난 환상이 기록되어 있다. 그는 위대한 시인이다. 그러므로 단순하고 실제적이었던 학개의 적합한 동료였다.

5. 내용 분해

1) 크게 성전이 재건되기 전(1~8장)과 성전이 재건된 후(9－14장), 두 부분으로 나눈다. 첫째 부분에 세 단락이 있고, 전체가 다섯 단락으로 나뉘어져 있는 데, 분명한 메시지를 전달한다.
2) 대부분이 성취된 예언이지만 어떤 이들은 사실 가장 성취되지 않는 환상이라고 한다. 그러나 예언들이 표면적으로 이루어졌을지라도 단지 우리가 깨닫지 못하는 부분이 많을 뿐이다.

A. 환상 1~8장 〈예루살렘 성전 재건 기간(B.C 520－518)〉

1) 첫째 메시지 (1:1~6)

정직한 자들에게 회개를 촉구함. 포로가 되게 했던 열조의 죄를 회상하게 하다.

죄에서 벗어나도록 권면하고 포로가 된 원인을 잊지 않게 했다.

2) 둘째 메시지 (1:7~6:15)

첫째 환상 : 화석류 나무사이에 선 자 (1:7~17)

홍마 탄 하나님의 사자가 간구를 듣고(12) 열국심판 (15)과 약속(17)

둘째 환상 : 예루살렘을 헤친 네 뿔 (1:18~21)

하나님의 백성을 모욕하는 네 뿔(18~9)이 심판 받을 것을 보여줌(21)

셋째 환상 : 측량줄을 손에 잡은 자 (2장)

측량줄을 잡은 천사를 통해 예루살렘의 완전한 재건을 드러냄

넷째 환상 : 여호와의 사자 앞에 선 대제사장 여호수아 (3장)

이스라엘 전체를 대표하는 여호수아의 죄를 속하시므로 모든 언약의 백성을 용서하시는 하나님

다섯째 환상 : 순금 등대 (4장)

어둠을 밝힐 수 있는 것은 오직 불이다. 오직 성령으로 사는 자 되어야 함

여섯째 환상 : 두루마리 (5:1~4)

천사의 질문과 답을 통해 언약을 어긴 백성들이 받을 저주에 대한 환상

일곱째 환상 : 에바 가운데 여인 (5:5~11)

하나님은 죄를 결코 용납지 않으심(5~8)과 악을 제거하시는 분

여덟째 환상 : 네 병거 (6:1~8)

주위에 대적을 물리치고 이스라엘을 구원해 주실 것에 대한 약속

• 여호수아에게 씌우는 면류관 (6:9~15)

3) 셋째 메시지 : 거의 2년 후에 된 것이다 (7~8장)

① 금식과 위선에 대한 책망 (7:1~7)

② 회개를 촉구함 (7:8~14)

③ 이스라엘의 회복 (8:1~17)

④ 예루살렘의 영광스런 미래 (8:18~23)

B. 예언 9~14장 〈예루살렘 성전 재건 후(B.C 480-470)〉

1) 네 번째 메시지 (9~11장)

① 열국에 대한 심판 (9:1~11:17)

② 메시야 도래 (9:9~10:12)

③ 배척 받는 메시야 (11:1~17)

2) 다섯 번째 메시지 (12~14장)

① 이스라엘의 구원 (12:1~13:9)

② 메시야 통치 (14:1~21)

에 스 더

1. 중심말씀 : 에스더 4:9~17

성경 중에 여인의 이름으로 된 성경이 두 권이 있다. 룻기와 에스더이다.

룻기는 이방여인이 하나님의 백성의 땅으로 돌아와서 하나님의 사람을 만나 결혼함으로 받은 은총에 대한 기록이다. 에스더는 하나님의 백성이 이방 나라 왕과 결혼해서 받은 은총에 대한 말씀이다. 한 편만을 주장하지 말라.

2. 저 자 : 모르드개(?) 혹 '에스라' 라고도 함

3. 특 징

1) 포로 중의 한 선민(모르드개)의 하나님을 향한 신앙

2) 포로 중의 한 여인(에스더)의 하나님을 향한 신앙

3) 포로 중의 하나님의 백성인 유대인의 하나님을 향한 신앙

4. 내용분해

아하수에로의 **축제**	에스더의 **축제**	유대인의 **축제** (부림절)
1 ~ 2장	3 ~ 7장	8 ~ 10장

A. 아하수에로의 축제 1~2장

1) 6개월 동안 계속된 축제였다. 여기에 7일의 축제가 더해졌다.(1:1~8)

2) 전 왕비(와스디)가 교만으로 폐위되고 에스더가 간택을 받는다.(1:9~2:20)

3) 2:21~23에서 모르드개가 왕의 생명을 구원하는 것이 나중에 이스라엘을 죽음에서 구하는 계기가 된다. 에스더는 바사명이고 유대 이름은 하닷사다.

B. 에스더의 축제 3~7장

사무엘이 살해한 아각의 후손들(삼상 15:32~33)에게 절하기를 거절한 모르드개의 행위를 하만이 알게 되었다. 하만은 이를 계기로 전국에 있는 이스라엘 백성들을 없애기로 음모하였다(3:1~15). 하만은 사무엘상 15:32에 멸절되어야 할 아각의 후손이다. 사울이 명을 어기고 아각 왕을 살렸지만 사무엘이 그를 죽였다. 모르드개의 신앙을 나타내기 위해 에스더 3:1과 9:24에 "아각 사람 함므다다의 아들 하만"이라고 기록하였다.

1) 하만의 음모를 안 유대인들이 금식하고, 에스더가 금식하였다.(4장)

2) 에스더가 "죽으면 죽으리라(4:16)"는 믿음으로 아하수에로 왕을 만났다.
결과 이스라엘 백성들이 구원을 얻고, 하만은 자기가 만든 장대에 달려 죽게 되었다.(7:10)

C. 유대인의 축제(부림절기와 그 결과) 8~10장

1) 구원 받음과 부림절 : 유대인들은 이 절기를 지금까지 지키고

있다. (8~9장)

모르드개의 위대함 (10장)

2) 유대인들이 부림절에 선물을 교환하는데 이는 성탄절 선물 교환의 원인이 되었다고 한다.

느헤미야

1. **중심말씀 :** 하나님의 사역을 기도로 시작하다. (1:1~11)

※ 이 책은 기도로 시작하여 기도로 끝을 맺는다(1:4~11, 13:29~31).

2. 특 징

1) 시기적으로 느헤미야는 마지막 역사서이다. 느헤미야는 왕족으로 추측되며, 그는 아하수에로왕(에스더)의 뒤를 이은 아닥사스다왕의 술 맡은 관원이다. 그는 왕궁(수산궁)에서 편안히 지낼 수 있었다. 그러나 그의 마음은 파괴된 성읍 예루살렘을 떠나지 않았다. 그는 사실상 포로된 나라에서 출세하였지만, 하나님의 부르심 앞에 그 모든 것을 포기하였다. 그리하여 개혁자로서 무너진 성읍을 위하여 자신의 생을 드리게 되었다.

2) 느헤미야는 그 시대의 민족을 위해 용기 있게 활동한 사람이다. 특별히 그는 하나님을 두려워하고 하나님의 은총을 구하기 위하여 기도와 힘든 사역을 행하였다. 느헤미야의 사역은 36년간이며, 끊임없는 반대에도 불구하고 놀랍게도 성공적인 사역을 행하였다.

3) 느헤미야는 하나님의 위대한 사역자의 전형이다.

• 많은 분들이 느헤야서를 통해 기독교 지도력(Christian Leadership)을 연구한다.

① 그 마음은 예루살렘을 향하고 그 상태를 슬퍼하고 있다. (1:4)

② 어느 때 어떤 환경 가운데서도 기도하는 사람이었다. (1:5~11, 2:4, 4:4~5)

③ 그는 자신을 부인하고 하나님으로 말미암아 일하는 사람이었다. (2:5)

④ 자신이 일하는 것과 같이 다른 사람을 일하게 하였다. (2:17~18)

⑤ 하나님의 역사의 거룩함과 영광스러움에 대한 바른 개념을 가졌다. (6:3)

⑥ 반대에 겁내지 않고 흔들리지 않은 사람이었다.

⑦ 하나님의 복을 사모한 사람이었다. (13:31)

3. 내용분해

느헤미야의 준비	성전 벽 건축	온전한 회복	끊임없는 개혁
1:1 ~ 2:10	2:11 ~ 6:19	7 ~ 12장	13장

A. 느헤미야의 준비 1:1~2:10

1) 예루살렘을 향한 관심 (1:1~3)

바사의 왕궁(수산궁)에서 형제로부터 예루살렘의 비극적인 상황에 대하여 들었다.

2) 성전을 향한 기도 : 이 소식을 듣고 느헤미야는 기도하였다 (1:4~11)

3) 유다 총독에 임명 됨 (2:1~10)

5개월간 기도 후 응답이 있었다. 왕으로부터 유다 총독에 임명을 받아 예루살렘으로 돌아오게 되었다.

B. 성전 벽 건축 2:11~6:19

1) 예루살렘으로 돌아와 3일을 쉰 뒤 밤에 파괴된 성읍을 살폈다.(2:12~16)

2) 백성들을 일을 하도록 감화시켰다. (2:17~20)

3) 외부로부터 오는 위협 : 특히 건축 시에 적으로부터 오는 반대에 부딪혔다.

• 적들의 근심 (2:10) • 비웃음 (2:19) • 분해함 (4:1)

• 조롱 (4:1) • 싸움 (4:8)

4) 내부에서 일어나는 위협 : 더 위험한 것은 안에서 친구들로부터 오는 위험이었다.

• 절망 (4:10~23) • 이기심 (5:1~5)

그러나 하나님의 도우심 가운데 52일 만에 공사가 끝났다.

C. 온전한 회복 7~11장

지금까지 성벽을 건축하므로 성전 건축을 마무리하였다. 그러나 이것으로 끝난 게 아니다. 온전한 마음의 준비가 되지 못했기 때문이다.

1) 성전에서 섬기는 사람을 조직 (7장) ※ 행전 1장 맛디아 선택

2) 말씀운동 (8장)

3) 회개운동 (9장)

4) 언약운동 (10장)

5) 예루살렘으로 거주지를 옮김 (11장)

6) 온전한 성전 봉헌 (12장)

D. 끊임없는 개혁 13장

※ 느헤미야는 또 다른 개혁을 위하여 바사에서 12년 만에 예루살렘

으로 돌아왔다.

느헤미야는 더 확실한 개혁을 성취시켰다.

하나님이 보내신 목적을 이룬 사람이다. 온전한 지도자 상이다.

말라기

1. **중심말씀 :** 어떻게? (1:1~5)

악한 백성들이 하나님을 향해 거역할 때 "어떻게?"라고 하였다.

1:2	"어떻게 우리를 사랑하셨나이까?"
1:6	"어떻게 우리가 주의 이름을 멸시하였나이까?"
1:7	"우리가 어떻게 주를 더럽게 하였나이까?"
2:14	"어찜 입니까?"
2:17	"공의의 하나님이 어디계시냐?"
3:7	"우리가 어떻게 돌아가리이까?"
3:8	"우리가 어떻게 주의 것을 도적질하였나이까?"
3:13	"무슨 말로 주를 대적하였나이까?"
3:14	"무엇이 유익하리요?"

2. **주 제 :** 메시야 소망을 상실하고 영적 나태와 도덕적 타락에 빠진 백성들을 일깨워서 다시 올바른 신앙관을 세워 주기 위해 기록하였다.

3. **저 자**

말라기는 "나의 천사", "나의 사자(2:7, 3:1)"라는 뜻을 가지고 있다. 그러나 그에 대하여 잘 알려지지 않았다. 주전 435~425년 경 바벨론에서 귀환한 포로들의 후손들을 위해 예루살렘에서 선지자로 활동했다.

4. 시대적 배경

예루살렘 성벽과 하나님의 성전은 거의 100여 년 전에 다시 세워졌다. 그러나 백성들은 하나님에 대한 예배에 무관심했고 영적인 나태와 도덕적인 타락에 빠져 있었다.

5. 핵심 메시지

하나님에 대한 관계가 죄로 말미암아 깨어졌기 때문에 사람들은 곧 벌을 받을 것이었다. 하지만 회개하는 사람들은 메시야를 보내시겠다는 하나님의 약속에서 보이듯이 은총을 받을 것이다.

6. 교 훈

위선, 하나님께 무관심함, 무절제한 삶은 비참한 결과를 가져온다. 하나님을 섬기고 예배하는 것이 지금 뿐 아니라 영원히 우리의 사람의 주요 초점이 되어야 한다. 이것이 마지막 선지자를 통해 주시는 메시지다.

7. 내용 분해

서론 : 이스라엘 백성에 대한 하나님의 사랑 1:1~5

하나님이 이스라엘을 사랑하셨지만 이스라엘은 받아들이지 않았다.

이는 영적으로 부패하고 타락한 백성들이었기 때문이다.

첫째 : 부패한 무리들 1:6~3:15

1) 영적 지도자 – 제사장의 타락 (1:6~2:9)

① 주님을 멸시함 (1:6)

② 제사를 멸시함 (1:7~10, 13~14)

③ 이방인을 통해 영광 받으심 (1:11)

④ 제사장들이 받을 저주와 수치 (2:1~3)

⑤ 제자장의 도리 (2:4~9)

2) 사회－성적인 타락 (2:10~3:5)

당시 사회의 부패한 모습을 성적인 타락 (2:10~14)

• 그들에게 임할 하나님의 심판 (2:15~3:5)

3) 종교인들－하나님의 백성들의 타락 (3:6~15)

하나님의 백성으로서의 의무를 행하지 않음 (3:6~12)

• 그들에게 임할 하나님의 심판 (3:13~15)

둘째 : 의로운 무리 3:16~4:3

1) 깨어 있는 성도 (3:16~4:3)

① 여호와를 경외하는 자들의 모습 (3:16)

• 하나님의 돌보심 (3:17~4:3)

결론 : 메시아에 대한 예언 4:4~6

대부분의 선지서의 결론과 같이 메시아에 대한 예언으로 끝맺는다.

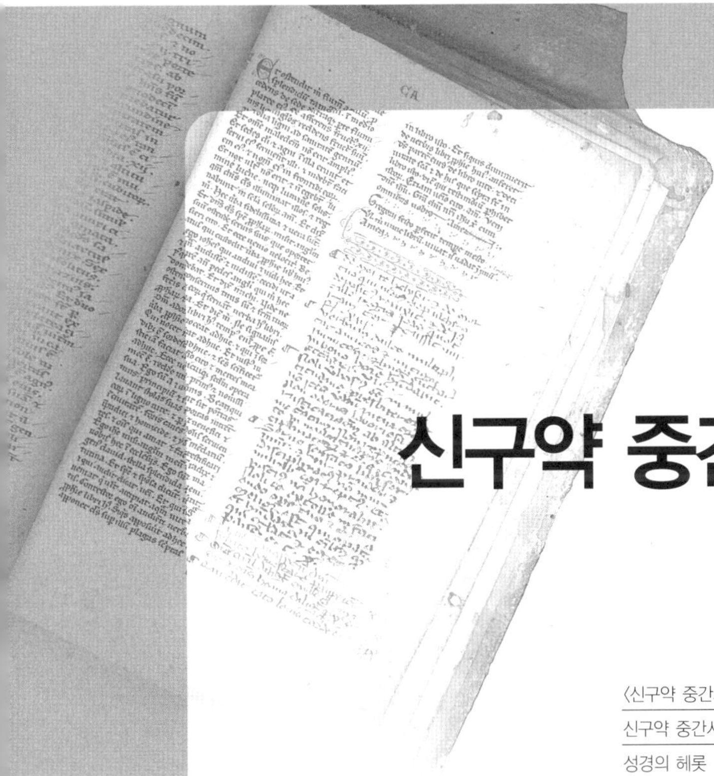

신구약 중간시대

〈신구약 중간시대〉

신구약 중간시대 개관

성경의 헤롯

신구약 중간시대 (다니엘 2장)

1. 신구약 중간시대란?

말라기 이후 예수님이 오실 때까지 하나님의 계시가 끊어졌다. 이 시기를 가리켜 신구약 중간시대라 한다. 계시가 없는 시대이기 때문에 암흑의 시대라고도 한다. 이 시대에 대하여는 역사의 기록들을 통해서 살펴 볼 수 있다.

신구약 중간시대는 세계 역사 가운데 매우 중요한 사건들이 일어났다.

1) 공자(B.C 551~497), 석가(B.C 6세기 ~ 4세기), 소크라테스(B.C 470 ~ 399), 플라톤, 아리스토텔레스, 노자, 순자, 장자, 한비자가 있었다.
2) 중국 진나라의 시 황제(B.C 221)가 만리장성을 쌓고 이방민족의 침입을 방어했다.
3) 유교, 불교, 유대교, 조로아스터교가 생겼다.
4) 구약성경이 완성된다.

2. 제국의 발생과 몰락

다니엘 2:25 → 느부갓네살 왕의 꿈을 다니엘이 해석
바벨론과 그 후에 일어날 제국에 대한 예언
예수 그리스도로 말미암아 이루어짐

1) 바벨론(B.C 627~538) → 메대 바사(페르시아)에 멸망 (단 5:30-31)
(최고의 성이 100년도 못 채워 멸망)
2) 바사(B.C 538~333) → 헬라(그리스)의 알렉산더 대왕에 정복당함
다리우스 – 마라톤 전투

아하수에로 – 살라미스 해전에서 대패한다. 아닥사스다 이후 몇 왕을 이어가다가 헬라에 정복을 당한다.

3) 헬라(B.C 333~) → 알렉산더가 바사와의 이수스 전투에서 승리하여 바사를 멸망시키고, 보니게, 두로, 가나안과 이집트를 정복 → 인더스 강까지 다스린다. 알렉산더는 플라톤의 제자 아리스토텔레스에게 학문을 배 운다. 헬라문명(에게문명)을 곳곳에 전파하였다.

그러나 알렉산더가 B.C 323년 뜻하지 않은 병에 걸려 33세의 나이로 요절하고, 4 장군이 나라를 나누어 통치한다.

• 알렉산더 사후 4 장군 : 프톨레미, 카산더, 뤼시마크, 안티고노스 •

프톨레미 : 유대인들이 흩어져 디아스포라를 형성한다. 프톨레미는 이집트 북쪽 지중해 연안에 당시 로마 다음의 큰 도시인 알렉산드리아(알렉산더 대왕을 기리는 도시)를 건설하여 헬라문화의 중심지로 삼는다. 이곳에 100만의 유대인들이 살았다.[16]

주전 280년 경 프톨레미 2세가 72명의 유대 랍비를 불러 구약성경을 헬라어로 번역하게 하였다. 이들이 각 방에서 번역하였지만 일치하는 기적이 있었다.[17] 당시 세계는 헬라 문화권 아래 있었는데, 이 성경을 통해 세계로 복음이 전해지는 계기가 되었다. 이 성경을 "70인 역"이라고 한다.

16) 아볼로가 알렉산드리아 출신이다(행전 18:24). 세계문화유산인 대 등대와 당시 세계 최대규모의 도서관이 있다.

17) 70인역(Septuaginta)

정치적으로는 3인이 연합하여 안티고노스를 제거, 프톨레미 휘하에 있었던 셀리쿠스가 나와 안티고노스가 차지했던 이스라엘 북쪽(바벨론) 지역을 차지했다. 프톨레미와 150년 전쟁이 일어난다. 팔레스타인은 이 두 나라 사이에 끼어 있다. 전쟁이 일어나면 물자를 도중에서 조달하므로 사이에 낀 팔레스타인은 쑥대밭이 된다.

셀리쿠스 왕조의 안티오쿠스 3세(B.C 223~187) : B.C 198년에 승리하여 가나안 땅을 차지하였다. 안티오쿠스는 자기의 이름을 따서 여러 도시들의 이름을 지었다(수리아, 안디옥, 비시디아 안디옥 등). 헬라 왕국을 재건하기 위해 애썼으나 로마에 번번이 패한다.

안티오쿠스 4세 : 유대인을 가장 잔인하게 박해한 왕이었다. 그는 애굽을 정복하려했지만 실패한다. 그 화풀이를 유다에 쏟는다. 자신을 제우스 신이라고 하여 섬기도록 강요했다. 대제사장직을 사고, 할례 받은 자들을 박해하였으며, B.C 167 양민을 학살한다. 성전에 돼지 피를 뿌리고 돼지고기를 제물로 바쳤다(다니엘 11장 예언).

이 때 유대에서 일어난 4 단체

- **사두개 파 :** 헬라 이성주의 문화 – 솔로몬 때 제사장 사독의 후예?
- **바리세 파 :** 전통을 지키는 신앙집단 – 부림?
- **엣세네 파 :** 광야에서 은둔 – 사해 주변 쿰란 공동체 발견
- **열심당(셀롯당) :** 애국당 – 마카비의 영향

유다의 마카비가 B.C 166년 셀류코스 왕가(안토니우스 4세)에 대항하여 독립전쟁을 한다. 이를 마카비운동이라고 한다. 다음 해 B.C 165년 독립한다. 더러워진 성전을 청결하게 하였는데, 이 날을 기념하여 "수전절"로 지킨다(요한 10:22 하슈카).

그 후 로마가 에돔까지 정복하고 총리로 안티파스 2세(예수님을 십자가에 죽이려던 헤롯 안디바의 할아버지)를 세운다. 후에 아들 헤롯이 로마에 가서 신임을 얻고 로마 황제로부터 가나안을 통치하는 분봉왕으로 임명을 받는다. 자신을 헤롯 대왕이라고 부른다. 예수님이 탄생하실 때의 유다 왕이다(B.C 37 ~ AD 4). 예수님의 탄생을 B.C 4 년으로 보는 이유도 이 때문이다.

4) 로마 : 로마는 B.C 270년 경에 이탈리아 반도를 통일한다. 처음에는 원로들이 나라를 다스리는 제도를 택하였다. 후에 검투사(Gladiate–노예검투사)들이 반란을 일으켰는데, 그 수가 10만이나 되었다. 이들을 진압한 폼페이우스, 클라수스와 줄리어스 시저가 연합하여 3두 체제를 연다.

B.C 63년 폼페이우스가 예루살렘을 점령하여 헤롯 안티파스 2세(안디바)를 유대 총독으로 세운다.
이집트에서 시저가 폼페이우스를 죽인다. 여기서 클레오파트라를 만나고 로마를 통일하여 주인공이 된다(카이사르–황제). 그러나 이방 여인을 황제 비로 맞은 것을 못 마땅히 여긴 부루투스에 의해 살해당한다(B.C 44).
안토니우스가 뒤를 이어 로마 황제가 된다. 이 때 안티파스 2세의 아들 헤롯(헤롯 대왕)이 유대 왕이 된다. 안토니우스 역시 클레오파트라를 아내로 맞는다.
로마에서 **옥타비아누스**가 원로와 시민의 지지를 얻어 안토니우스를 해전에서 제거한다. 클레오파트라가 옥타비아누스의 신임을 얻으려 했지만 얻지 못하자 자살한다.
옥타비아누스가 아우구스투스(황제)로 불리고(눅 2:1) 로마가 다스리던 천하에 호적을 명하므로 예수님의 부모인 요셉과 마리아가 베들레헴으로 오게 되고 구유에서 탄생하시게 되어 성경을 응하게 하는 계기가 되었다.
이스라엘 땅에는 헬라 문화가 밀고 들어온다. 정치는 로마가 지배한다. 왕은 종과 같았던 에돔 족속에서서 나온 헤롯가가 차지한다. 가장 혼란한 이 때 세례 요한이 나타나서 하나님의 심판을 선포하고 메시야가 임하실 것을 선포하였다.
갈라디아 4:4 → "때가 차매..."
마태복음 1:1 → "예수 그리스도의 계보.."

성경의 헤롯

이 름	성 경 명	주 요 활 동
안티파터 2세 (Antipater)	안디바	• 유대 총독으로 임명 받음(BC 47)
헤롯 대왕 (헤롯 1세) (Herod the Great)	헤롯왕(마 2:1) 헤롯(마 2:19)	• 예수님 탄생 시 유다 통치(BC 37 ~ BC 4) • 갈릴리 통치 임명 받음(BC 47) • 유대의 왕으로 임명 받음(BC 37) • 예루살렘 성전 재건(BC 20 ~ AD 64) • 가이사랴 건축, 수도로 만듦
헤롯 아켈라오 (Archelaus)	아켈라오 (마 2:22)	• 요셉의 가족이 두려워 나사렛으로 감 • 유대 사마리아 이두매 분봉왕(BC 4~AD 6) • 유대인 불평으로 파면 당함 • 로마 총독 직접 통치(AD 6 ~ AD 41)
헤롯 안디바 (Herod Antipas)	헤롯왕(막 6:14) 여우(눅 13:32) 분봉왕[18] 헤롯 (마 14:1)	• 갈릴리 분봉왕(BC 4 ~ AD 39) • 포리/디베랴를 수도로 건설 • 동생 빌립의 아내와 결혼 • 세례 요한을 죽임(마 14:11) • 예수님 심문(눅 23:8)
헤롯 빌립 1세 (Herod Phillip)	빌립(마 14:3)	• 아내 헤로디아를 빼앗김(마 14:3) • 살로메의 생부 가능성 • 공직 근무는 안했음
헤롯 빌립 2세	분봉왕 빌립 (눅 3:1)	• 이두매 분봉왕(눅 3:1) • 가이사랴 빌립보 건축 • 벳새다 재건
헤롯 아그립바 1세 (Agrippa)	헤롯왕 (행 12:1)	• 유대와 사마리아 통치 • 야고보 처형(행 12:2) • 베드로 투옥(행 12:3)
헤롯 아그립바 2세	아그립바 왕 (행 25:13)	• 헤롯 왕가의 마지막 통치자 • 바울 가이사랴 심문(행 26:1)

18) 분봉왕(Tetrarch) : 한 나라의 왕이 다스리는 영토 일부를 나누어 다스리도록 통치권을 위임 받은 왕으로, 원래 의미는 '4분의 1을 통치하는 사람' 을 말했으나 점점 '소규모의 땅을 통치하는 사람' 이란 의미로 쓰였다. 영주라고도 한다.

제2부

신약편

왜 예수님이 이 땅에 오셨습니까?

마태복음 9:9~13

신약 성경을 읽기 전에 먼저 "왜 예수님이 이 땅에 오셨는가?"를 이해해야 한다. 예수님이 이 땅에 오신 이유를 알지 못하고 신약성경을 접할 수 없기 때문이다. 예수님이 오신 목적을 이해하는 것이 복음서를 읽는 가장 중요한 핵심이다.

1. 볼 수 있는 하나님으로 오셨다.

하나님은 영이시므로 볼 수 없다. 성육신하심으로 하나님을 보여주셨다.

요한복음 1:18 →

14:9 →

2. 인간의 본질을 보여주기 위해 오셨다.

어느 모습이 참 인간의 모습인가? 타락하여 인간이 가져야 할 본연의 모습을 잃어버렸다. 그러므로 인간을 통해서는 참된 인간의 모습을 발견하지 못한다. 그러므로 완전한 인간이신 예수님을 통해 인간의 참 모습을 보여주셨다.

요한복음 13:15 →

3. 마귀를 드러내기 위해 오셨다.

구약에는 귀신의 세계가 잘 나타나지 않는다. 영적으로 눈이 어두운

시기에는 잘 몰랐다. 예수님이 오시므로 여기저기서 귀신의 정체가 드러났다. 자유주의 신학의 문제는 귀신의 정체를 알리지 않는 데 있다.

마태복음 4:1 →

누가복음 4:34 →

4. 율법을 온전케 하시기 위해 오셨다.

구약의 율법은 불완전하다. 예수님으로 말미암아 온전케 되었다.

마태복음 5:17~18 →

5. 구원을 이루시기 위해 오셨다.

본문의 말씀

죄인을 찾아 구원하시기 위해 오신 예수 그리스도

메시아이신 예수님이 오신 목적을 깨닫게 될 때 깊은 신앙을 갖게 된다. 이제 복음서를 통해 예수님이 오셔서 무엇을 어떻게 행하셨는가를 배우자.

신약 성경 개관

AD(Anno Domini)와 BC((Before Christ)는 주후 6세기경에 구분하여 부르게 되었다. 즉 중심이 예수 그리스도다. AD 397년 카르타고 공회에서 지금의 27권이 신약성경으로 확정되었다.

1. 4복음서

예수님이 승천하신지 30년가량 지난 후 예수님을 목격한 1세대가 세상을 떠날 때가 되자, 오는 후 세대에 예수님의 생애를 알리기 위해 붓을 들게 되었다. 그 중 마태, 마가, 누가, 요한 이 네 사람이 성령의 감동으로 예수님의 생애를 기록하였다. 이들은 출신 지역이나 신분이 달랐다. 따라서 다양한 관점에서 예수님에 대하여 기록하였다. 그러므로 이들의 기록을 종합해서 읽을 때 예수님의 온전한 모습을 볼 수 있다.

2. 4복음서의 비교

에스겔 1:10(사람, 사자, 소, 독수리)[19] → 메시야에 대한 형상, 복음의 다양한 모습

1) 마태 – 유대인의 왕으로 오신 메시야 (사자)

2) 마가 – 종으로 오신 메시야–희생제물인 (소)

3) 누가 – 인간의 모습으로 오신 메시야 (사람)

---

19) 에스겔 1:10 "그 얼굴들의 모양은 넷의 앞은 사람의 얼굴이요 넷의 오른쪽은 사자의 얼굴이요 넷의 왼쪽은 소의 얼굴이요 넷의 뒤는 독수리의 얼굴이니"

4) 요한 – 가장 영적인 복음 (독수리)

3. 4복음서를 어떤 관점으로 읽을 것인가?

복음서의 내용을 예수님을 중심으로 시간의 흐름을 따라 읽으면 이해하기가 더 편하다.

1) 탄생하시기 전

2) 탄생하실 때

3) 예수님의 어린 시절

4) 예수님의 공 사역

첫 번째 유월절 (요 2:13)

두 번째 유월절 (요한 5:1)

세 번째 유월절 (요한 6:4)

네 번째 유월절 (요한 7:2, 10) → 마지막 유월절기로 십자가에 달리심

5) 십자가 지신 후 – 부활과 승천하심

6) 성령과 제자들의 사역 – 사도행전과 서신서

7) 다시 오실 메시야 – 요한 계시록

4. 사도행전과 서신서

구약에서는 이스라엘이라는 공동체를 통한 하나님의 역사를 보여주신다.

신약에서는 예수 그리스도 안에 있는 교회 공동체를 중심으로 기록되었다.

세 가지 조건 〈국토, 주권, 백성〉 만들기가 이루어졌다.

서신서 중에 바울이 기록한 서신은 바울이 전도여행 중에 기록한 것

이다.

그러므로 사도행전의 진행에 따라 읽으면 이해의 폭이 넓게 된다.

5. 기타 공동서신

각 저자의 특성을 고려하여 읽는다.

6. 다시 오실 메시야에 대한 소망

요한 계시록

《복음서에 관하여》

예수님이 승천하신지 30년가량 지난 후 예수님을 목격한 1세대가 세상을 떠날 때가 되자, 다음 세대에 예수님의 생애를 알리기 위해 붓을 든 자들이 많았다.[20] 그 중 마태, 마가, 누가, 요한 이 네 사람이 성령의 감동으로 예수님의 생애를 기록하게 되었다. 이들은 출신 지역이나 신분이 달랐다. 따라서 다양한 관점에서 예수님에 대하여 기록하였다. 그러므로 이들의 기록을 종합해서 읽을 때 예수님의 온전한 모습을 볼 수 있다.

20) 누가복음 1:1-2 "우리 중에 이루어진 사실에 대하여 처음부터 목격자와 말씀의 일꾼 된 자들이 전하여 준 그대로 내력을 저술하려고 붓을 든 사람이 많은지라"

마태복음

1. 중심말씀 : 왕으로 오신 예수 1:1, 27:37

2. 저 자 : 마태 (하나님의 선물)

저자는 마태이며 세리로서 회개한 제자다. 멸시받았던 세리가 마태라는 제자로서 이름을 가지게 된 것은 그가 유일하다. 원래는 '레위' 지만(막 2:14) 예수님에 의해 마태로 불렸다. 그는 확신을 가졌을 때 주저하지 않고 예수님을 따랐다. 12사도 중에 재능이 있는 제자다. 가버나움의 세리는 재능이 없으면 될 수 없는 자리다. 복음서를 헬라어로 기록할 수 있었고 세리답게 따라 꼼꼼하게 기록하였다.

그가 기록한 말씀 중에 산상보훈은 놀라운 성경 기록으로 남겨져 있다. 그는 자료를 모아서 기록하였다. 반면에 누가는 여러 자료들을 풀어서 기록하므로 많은 사람들의 이해를 폭넓게 돕는 성경이 되었다.

3. 목적과 특징

1) 초대교회 당시 유대교로부터 개종했던 수많은 그리스도인들이 예수님의 복음과 율법 사이에서 갈등과 혼란을 가졌다. 이런 혼란을 불식시키고 구약의 모든 기록이 예수님에 대한 증거임을 밝혀주기 위해 기록한 것이 마태복음이다. 그러므로 원래는 유대인들이 잘 볼 수 있도록 히브리어로 기록되었다(10:5~6, 15:24). 또한 유대인들이 잘 아는 구약성경을 많이 인용하였다.

2) 이 책에서 구약과 신약은 상호 연결된 것으로 갈등을 느낄 필요가

전혀 없다고 하였다(마 5:17). 그래서 다른 복음서에서 찾아볼 수 없는 한 가지 특별한 단어인 "이루어졌다(fulfilled)"를 많이 사용한다. 구약의 예언이 예수님으로 말미암아 이루어졌다는 것을 강조하는데 구약을 60회 이상 인용하였다.

3) 따라서 신약성경 27권 중에 제일먼저 기록된 것은 아니지만 구약과 신약을 연결시키는 의미를 가장 잘 나타내고 있기 때문에 신약성경의 가장 앞부분에 두게 되었다.[21)]

3) 마태복음은 예수님이 하나님이 보내신 왕이심을 강하게 주장한다. "왕국(kingdom)"이 55회, "하늘의 왕국(kingdom of heaven)"이 32회, "다윗의 아들"이 7회 기록되었는데, '왕이신 예수님'과 구약에 예언된 메시아를 강조한 것이다.

4. 내용 분해

A. 왕의 탄생 1~2장

왕의 계보와 탄생을 통해 동방박사들에게 경배 받으심.

포악한 헤롯(세상 왕)에 의해 핍박 받으심.

애굽으로 피난가셨다가 다시 예언대로 나사렛에 사셨다(2:21).

B. 왕의 선구자(세례 요한) 3장

선지자로서 가장 특출한 사람으로 임박한 하나님 나라를 선포하고 왕에게 세례를 베풂

---

21) 고린도전서 AD 55년, 갈라디아서 AD 56년 로마서 AD 57년에 비하여 마태복음은 AD 60~65년 사이에 기록되었다

C. 왕의 시험받으심 4:1~11

시험을 받으셨으나 하나님 외 그 어떤 왕국도 거절하셨다. 첫째 아담은 최고의 환경 에서 실패했지만, 둘째 아담은 광야에서 주림과 고통 속에서 승리하셨다.

D. 왕의 선포 4:12~25

예수님은 교회를 통해 하나님 나라를 세우기 위해 오셨다.

하나님 나라는 하늘과 땅에서 믿음으로 순종하는 자들을 통해 이뤄진다.

땅에서 이뤄지는 하나님 나라를 통해 하늘에서의 왕국을 맛 볼 수 있다.

E. 왕의 법 5~7장

산상보훈은 제자들을 위한 말씀으로 특별히 땅에서 이루어질 주님의 나라를 위한 규범 이다. 이는 곧 하나님의 사람들을 통해 이루어질 메시지이다.

F. 왕의 사역 8:1~20:34

왕의 사역을 보여주는 가장 중요한 단원이다.

그의 백성 이스라엘을 치료하시고 가르치시며 전파하시는 왕의 실제적인 사역이다.

예수라는 이름에서 새 공동체인 교회의 새 출발에 대한 힌트를 얻을 수 있다.

G. 왕의 들어가심 21~25장

왕의 공적인 예루살렘 입성(21:1~9)과 마지막

그리스도(왕)와 멀어지는 것은 희망을 잃는 것이다. (25:41)

H. 왕의 죽으심과 부활 26~28장

예수님은 자신을 왕이라고 하시므로 살해되셨다. (27:11, 12, 29, 37, 42)

성소의 휘장이 찢어짐(27:51)은 주님의 심장을 찢으심이다.

영원한 왕이 되셨다.

마가복음

1. 중심말씀 : 종으로 오신 예수 10:45[22)]

2. 저자

1) 마가 요한이라고 하는 것은 마가는 로마식 이름이고 요한은 히브리식 이름이다. 로마의 지배를 받던 피지배 민족으로서의 이름과 고유한 히브리 민족의 이름 이 두 가지를 사용하므로 그의 사역이 어떠한가를 나타내어준다.

2) 신약성경에 나오는 마리아 중의 한 사람의 아들이다(행12:12).

3) 그는 바나바의 생질이었다(골 4:10).

4) 바울의 1차 전도여행 시 동역자였으나 끝까지 동행하지 못하였다. 2차 전도여행 당시 마가로 말미암아 바울과 바나바가 불화하는 원인이 되었다(행 15:36~41).

5) 그의 가정에서 종종 모임을 가진 것으로 보아 유복한 가정이었다(행12:12).

6) 마가복음은 AD 60~70년경에 마가 요한이 로마에서 기록하였다.

7) 그는 사도가 아니지만 베드로의 비서이자 통역자였다.
마가복음의 내용을 보면 베드로의 열정적이고 충동적인 성격을 잘 나타내어준다.

---

22) 인자가 온 것은 섬김을 받으려 함이 아니라 도리어 섬기려 하고 자기 목숨을 많은 사람의 대속물로 주려 함이니라

8) 그의 가정에서 많은 집회를 가지므로 초대 교회에 많이 알려진 제자다.

3. 목적

1) 이 책이 기록될 당시 많은 성도들이 로마황제 네로의 끔찍한 박해로 죽음과 삶의 심각한 기로에 서 있었다. 이런 상황에서 성도들을 위로하고 복음을 전하기 위해 기록하였다. 예를 들면 마태복음과 달리 구약 성경의 인용을 드물게 사용하고, 유대 말을 설명하였다(3:17, 5:41, 7:11,34 14:36). 반면에 라틴어는 그대로 사용하였다(레기온–5:9). 이것은 이 복음서의 대상이 이방인들이라는 뜻이다.

2) 시작부터 하나님의 아들이신 예수님이 자기 목숨을 많은 사람의 대속물로 주시려고 종 되신 모습을 뚜렷이 부각시킨다. 특히 10:45에서 그 주된 내용이 집약되어 있다.

3) 주님의 가르침을 강조한 마태와는 달리 해설과 가르침은 가급적 생략하고 사실적인 기사를 그대로 제공하므로 힘차고 박진감 넘친다. 혹자는 마가복음을 복음서 전체의 원 복음으로 이해하기도 한다.

4. 내용 분해

A. 종의 출현 1장

1) 예수님의 족보, 탄생과 유아시절에 대한 기록이 없다.
종에 대한 내용이 아니기 때문이다.

2) 그는 유대인 뿐 아니라 모든 백성의 종으로 오셨다.

3) 그러나 그는 하나님의 아들이시다(1:1).

B. 종의 사역에 대한 특성과 성격 2:13~13:37

1) 도리를 행하시는 종 (2:1~12)

2) 즉시 따르는 종 (2:13~14)

3) 마귀와 죽음을 이기시는 종

4) 자연을 순종케 하는 종

5) 사랑과 애정이 있는 종 – 치유와 사랑

C. 종의 복종과 죽으심 14~15장

D. 종의 승리 16장

부활과 영화로우심

누가복음

1. **중심주제** : 인간의 몸으로 오신 예수

2. 저 자

1) 누가는 12 사도 중 하나가 아니다.

2) 바울의 동반자였으며 의사였다(골 4:14).

3) 사도행전도 기록하였다(행전 1:1~2).

3. 기록 연대 및 배경

바울이 2년 동안 로마에 갇혀 있던 당시[23], AD 59~63년 사이에 기록했을 것으로 추정한다. 그 후에 사도행전을 기록하였는데, 사도행전은 AD 64년에 일어난 로마 대화재 사건이 기록되지 않는 것으로 보아 AD 64년 이전에 기록된 것으로 본다.

누가복음에는 예수님이 탄생하시기 전에 있었던 사건을 아주 상세하게 기록하고 있다. 이것은 아마 바울이 로마에 호송되기 전 가이사랴에 오랫동안 갇혀 있을 때 누가가 기회를 얻어 갈릴리 지방으로 가서 살펴볼 기회가 있었고 로마에 가서 기록한 것으로 보인다.

4. 누가복음의 특징

1) 이방인을 위해 쓴 책

23) 사도행전 후반부는 바울이 로마 감옥에 갇혀 있는 상태로 끝맺는다.

누가복음은 예수님의 구원 사건이 단지 유대민족만을 위한 것이 아니라 온 세계 민족을 위한 세계적인 사건임을 강조하고 있다(2:1~2,10, 3:1~2). 누가는 예수님이 세상에 오심을 역사적으로 정확하게 조명하고자 노력했다. 이를 통해 메시아의 오심이 세계적인 의미를 가진 사건임을 보여주기 원했기 때문이다.

2) 소외된 자들에 대한 관심

누가복음은 사회적으로 소외된 자들에 대해서도 많은 관심을 보인다.

5:27~32 – 세리 마태를 부르심

7:11~17 – 나인성 과부

7:36~50 – 죄를 지은 한 여인

9:51~56 – 사마리아 지역에 가심

10:30~37 – 강도만난 자의 이웃인 사마리아인

17:11~19 – 열 명의 나병환자를 고치심

19: 1~10 – 세리장 삭개오 사건

그 외에 예수님이 바리세인들과 식사하신 사건을 다른 복음서와는 달리 세 번이나 기록하였다(7:36~50, 11:37~44, 14:1~4). 이는 당시 사회에서 소외된 자들에 대한 관심을 통해 인간애를 보여주는 것이다.

3) 기도와 인내를 강조

누가복음은 특별히 기도를 많이 강조한다(3:21, 6:12, 9:18, 29. 10:21~24, 11:1). 불의한 재판관을 찾아 간구하는 여인(18:1~8)과 밤중에 벗을 찾아가서 강청하는 기도 이야기(11:5~8)는 누가복음에만 있다.

5. 내용 분해

A. 예수님이 탄생하시기 전 1장

1) 세례 요한과 예수님의 탄생예언 (1:1~38)

2) 마리아의 엘리사벳 방문 (1:39~56)

B. 예수님이 탄생하실 때 2:1~21

C. 예수님의 어린 시절 2:22-52

D. 예수님의 공 사역 3~21장

1) 세례를 받으심과 광야 시험 (3~4장)

2) 제자들을 부르심과 가르치심 (5~6장)

3) 갖가지 능력을 행하심과 가르치심 (7~18장)

4) 예루살렘 입성과 재림에 대한 교훈 (19~21장)

E. 예수님의 고난과 십자가의 죽으심 22~23장

1) 가룟 유다의 배반과 성만찬 (22:1~38)

2) 겟세마네 동산의 기도 (22:39~46)

3) 잡히심 (22:47~71)

4) 빌라도 앞에 서신 예수님 (23:1~25)

5) 십자가에 못 박혀 돌아가심 (23:26~56)

F. 예수님의 부활과 승천 24장

1) 무덤을 찾아간 여인들 (24:1~12)

2) 엠마오로 가는 길 (24:13~35)

3) 열한 제자에게 보이심 (24:36~43)

4) 열한 제자에게 마지막 권고 (24:44~49)

5) 승천하심 (24:50~53)

요한복음

1. **중심말씀 :** 하나님이 세상을 이처럼 사랑하사 독생자를 주셨으니 이는 그를 믿는 자마다 멸망하지 않고 영생을 얻게 하려 하심이라(3:16).

2. **저자**

예수님의 제자 사도 요한이 기록하였다(18:15~16, 20:2~3, 21:24). 요한복음에서는 예수님의 제자가 아니고서는 기록할 수 없는 구체적인 내용들이 상당 부분 있다.

3. **기록연대**

AD 90~100년경으로 추정한다. 사도 요한이 밧모섬에 유배되어 기록한 요한 계시록이 AD 95~96년경이다. 요한복음과 서신서가 이 시기를 전후로 해서 기록되었다.

4. **요한복음이 특징**

1) 분명한 목적을 가지고 기록한 복음서(요 20:31)[24]

첫째 : 예수께서 하나님의 아들 그리스도이심을 믿는 것

둘째 : 믿어 풍성한 생명을 얻는 것(요 5:24, 15:16, 17:3)

---

24) 요한복음 20:31 "오직 이것을 기록함은 너희로 예수께서 하나님의 아들 그리스도이심을 믿게 하려 함이요 또 너희로 믿고 그 이름을 힘입어 생명을 얻게 하려 함이니라"

2) 간결한 문체와 쉬운 단어로 기록하였다.

요한은 빛과 어두움, 사랑과 미움, 생명과 사망, 진리와 거짓과 같은 단순한 단어들을 대비적으로 사용하면서 심오한 진리를 전하고 있다. 이를 통해 믿는 자와 믿지 않는 자, 하나님의 자녀와 마귀의 자녀, 풍성한 삶과 빈약한 삶의 뚜렷한 구별을 보여준다.

3) 예수님의 긴 강화 수록

마태복음의 산상보훈은 여러 곳에서의 교훈을 모은 것이다.

요한복음의 강화는 계속된 사건과 교훈을 그대로 기록한 것이다.

• 날 때부터 소경된 사람을 고치신 사건과 그에 이은 논쟁(9~10장)

십자가 돌아가시기 전 다락방 강화(13~17장)

이런 긴 강화를 통해 예수 그리스도의 신성을 잘 드러낸다.

5. 내용 분해

A. 예수 그리스도 – 육신으로 오신 하나님 1~2장

1) 말씀이신 예수님과 세례 요한의 증거 (1:1~34)

2) 제자들을 부르심 (1:35~51)

3) 첫 번째 표적과 성건 청결 (2:1~25)

B. 예수 그리스도 – 영생을 주시는 하나님 3~4장

1) 영생에 대한 가르침과 세례 요한의 증거 (3장)

2) 수가성에서의 영생에 대한 가르침과 왕의 신하의 아들을 고치심 (4장)

C. 예수 그리스도 - 생명의 양식이신 하나님 5~6장

1) 안식일에 대한 논쟁과 예수님에 대한 증거 (5장)

2) 오병이어로 먹이심과 생명의 떡에 대한 가르치심 (6장)

D. 예수 그리스도 - 세상의 빛이시나 배척받으시는 하나님 7~9장

E. 예수 그리스도 - 선한 목자이신 하나님 10~11장

1) 선한 목자 되심과 논쟁 (10장)

2) 나사로를 살리심과 유대인의 반응 (11장)

F. 예수 그리스도 - 예루살렘 입성하신 하나님 12~13장

1) 마리아가 예수께 향유를 부음과 예루살렘 입성 (12장)

2) 제자들의 발을 씻기심과 베드로의 부인 예언 (13장)

G. 예수 그리스도의 - 고별 강화 14~16장

1) 진리와 생명이신 예수 (14장)

2) 참 포도나무이신 예수 (15장)

3) 성령의 임하심과 승리에 대한 선언 (16장)

H. 예수 그리스도의 - 중보기도 17장

I. 예수 그리스도의 - 고난과 죽으심 18~19장

1) 잡히심 (18:1~27)

2) 법정에 서심 (18:28~19:15)

3) 십자가에 달리심 (19:16~37)

4) 무덤에 내려가심 (19:38~42)

J. 예수 그리스도의 - 부활 20~21장

1) 예수님의 부활하심 (20:1~23)

2) 도마의 의심 (20:24~31)

3) 갈릴리에 나타나심 (21:1~14)

4) 베드로를 다시 세우심 (21:15~23)

• 마지막 제언 21:24~25

사도행전

1. 주 제 : 성령에 의해 이루시는 예수님의 사역

2. 중심말씀 : 내 증인이 되라(1:8)[25)]

3. 중심구절 : 오직 성령이 너희에게 임하시면 너희가 권능을 받고 예루살렘과 온 유대와 사마리아와 땅 끝까지 이르러 내 증인이 되리라 하시니라(1:8).

4. 개 요

1) 주님의 행하심

① 사도행전은 예수 그리스도의 복음이 어떻게 예루살렘과 온 유대와 사마리아와 로마 제국 전역에 이르기까지 전파되는가를 간략하게 기록하였다.

후반부에서 바울이 로마의 어느 가택에 연금된 상태로 2년 동안 복음을 전하는 것으로 끝을 맺는다. 따라서 사도행전은 바울이 로마에 구류되었을 AD 63년을 전후하여 기록되었을 것으로 추정한다. 이때가 바울의 1차 로마감옥이고 이 때 옥중서신을

25) 사도행전 1:8 "오직 성령이 너희에게 임하시면 너희가 권능을 받고 예루살렘과 온 유대와 사마리아와 땅 끝까지 이르러 내 증인이 되리라"

기록한 것으로 되어 있다. 그리고 잠깐 자유의 몸이 되어 디도가 사역하는 그레데와 에베소 지역을 돌아보고 다시 2차 로마 감옥에 갇히게 되어 순교하게 된다. 2차 감옥에 갇혔을 때 디모데 후서를 기록하였다.

② 그 행하심은 주로 두 사도인 베드로와 바울에 의해 이루어졌지만 실제는 성령님의 행하심에 대한 기록이다. 그래서 행전을 "성령의 복음" 또는 "성령행전" 이라고도 부른다. 그러나 더 정확하게 말하면 "주님의 승천과 영광에 대한 행전" 이다. 복음서는 주님의 육체로 오신 메시야에 대한 기록이라면 사도행전은 성령 안에서의 예수님의 제자들의 삶에 대한 기록이다.

누가는 복음서를 통해 예수님이 행하시고 가르치신 것을 기록하였다. 그리고 행전을 통해 예수님이 계속하여 행하고 계심을 기록하고 있다.

2) 메시지

사도행전에 나타난 복음 전파는 예루살렘과 온 유대와 사마리아 그리고 땅 끝까지로 나아가는 순서로 진행된다. 여기서 '온 유대와 사마리아' 는 원어상 하나의 전치사로 묶여 있다. 이는 이방인들이 많이 살고 있는 사마리아를 포함해서 유대 온 지역에 복음이 전파될 것이라는 의미다.

"땅 끝까지 이르러 내 증인이 되리라" 에서 "땅 끝" 이 어디냐에 대해서는 논란이 있다. "땅 끝" 이 티벳의 오지라든가 이슬람권이 땅 끝이라든가, 아니면 지구를 한 바퀴 돌아서 다시 "예루살렘" 까지의 의미가 아니다. "땅 끝" 을 과학적이나 지리적인 개념으로 볼 것이 아니라 마가복음 16:15에서 "너희는 온 천하에 다니며 만민에게 복음을 전하라" 는 주님의 말씀에 비추어 "온 세상 누구에게든지 복음을 전하라"는 뜻으로 이해해야 한다.

3) 서술형식

① 끝나지 않은 책이다. 왜냐하면 복음의 주체이신 예수님이 살아계셔서 지금도 역사하시기 때문이다. 그리고 성령에 따라 행하는 복음의 역사가 아직까지 진행되고 있기 때문이다.

② 1:8절이 행전을 분해하는 요절이다. 성령이 임하게 될 선지자의 예언 성취와 예루살렘에서 시작된 복음이 어떻게 유대와 사마리아와 땅 끝으로 번지게 되었는지를 기록하였다. 모든 내용을 다 기록한 것이 아니라 복음의 방향성에 대하여 기록하였다.

③ 이 책은 하나님의 도성의 중심인 예루살렘에서 시작하여 세상의 중심인 로마에서 끝을 맺는다. "너희는 세상의 빛이라"고 하셨듯이 세상을 향하여 나아가는 복음의 본질을 나타내고 있다.

5. 내용 분해

A. 예루살렘과 1~7장

1) 성령강림과 복음의 시작 (1~2장)

예수님 부활 이후의 사역과 승천하심 (1:1~14)

제자들의 기도와 새로운 사도 선출 (1:15~26)

오순절 성령강림 (2:1~13)

베드로 설교와 초대교회 공동체 (2:14~47)

2) 예루살렘 전도 (3~5장)

베드로의 두 번째 설교와 공회 앞에 선 베드로와 요한 (3~4장)

아나니아와 삽비라 사건과 복음의 능력 (5장)

3) 스데반의 순교 (6~7장)

일곱 집사를 세움 (6:1~7)

스데반의 설교와 순교 (6:8~7장)

B. 온 유대와 사마리아 8~9장

1) 예루살렘 교회의 핍박과 빌립의 전도 (8장)

2) 사울의 회심 (9:1~31)

3) 베드로가 애니아와 다비다를 일으킴 (9:32~43)

C. 땅 끝을 향하여 10~28장

1) 베드로에 의해 이방인 고넬료 가정에 복음이 전해짐 (10장)

2) 베드로가 예루살렘 교회에 보고 (11장)

3) 안디옥 교회의 성장 (11장)

4) 사도들에 대한 핍박과 헤롯의 죽음 (12장)

바울의 1, 2, 3차 전도여행

I. 바울의 1차 전도여행(행 13:1~14:28)

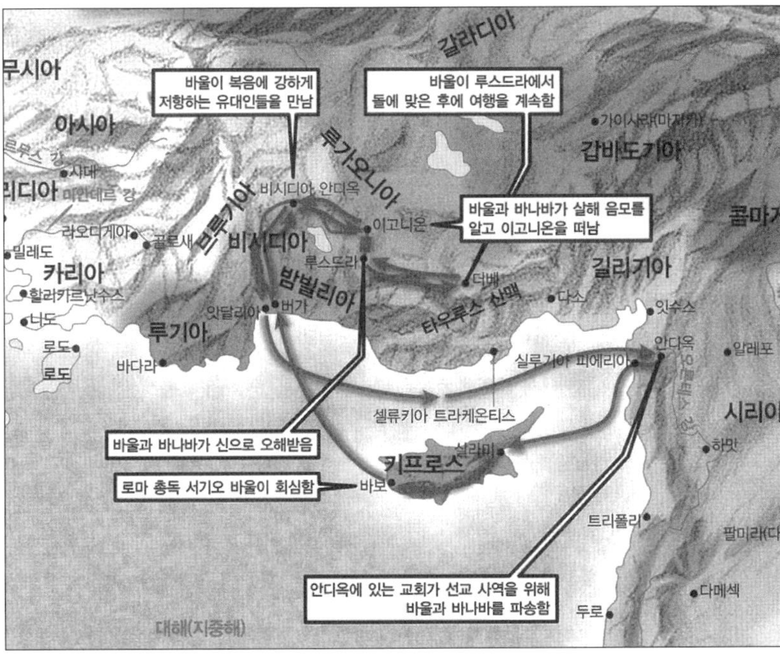

1. **출 발 지** : 수리아 안디옥
2. **여 행 자** : 바울, 바나바
3. **여행경로**

수리아 안디옥→실루기아→살라미→바보→버가→비시디아 안디옥→이고니온→루스드라→더베→루스드라→이고니온→비시디아 안디옥→버가→앗달리아→수리아 안디옥

• 예루살렘 종교회의(15:1~35)

1. 주제 : 율법이냐? 복음이냐?

2. 결과 : 이방인들은 할례를 받을 필요가 없고, 오직 예수 그리스도를 믿음으로 구원을 받는다는 사실을 공식적으로 채택함.

II. 바울의 2차 전도여행(행 15:36~18:22)

바울은 1차 전도여행을 다녀온 지 1년여 지난 후, 복음을 전했던 곳으로 다시 가서 회심한 신자들을 돌아보기 원했다. 2차 여행을 떠나기 전 바울과 바나바는 마가 요한의 동행 문제로 크게 다투어 서로 갈라서게 된다. 마가요한은 바나바의 조카로 1차 여행 때 성경 읽는 일을 도왔으나 여행을 마무리 짓지 않은 채 일행을 떠나 예루살렘으로 돌아갔다. 바나바는 마가와 함께 구브로로 갔고, 바울은 실라와 동행하게 된다(행 15:36~18:22).

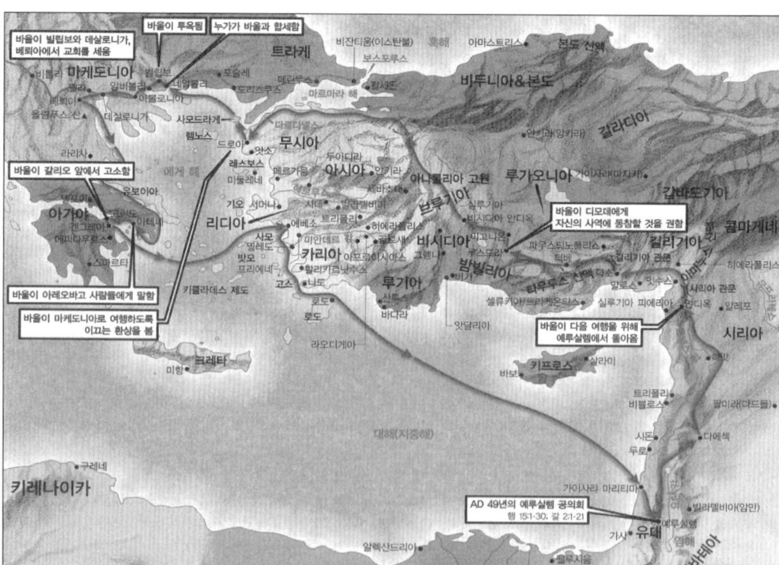

1. **출발지 :** 수리아 안디옥 출발

2. **여행자 :** 바울과 실라, 디모데, 누가(드로아에서 합류)

3. **여행경로**

수리아 안디옥→다소→더베→루스드라→이고니온→브루기아 지방→갈라디아 지방→무시아 지방→(비두니아로 가고자 했으나 예수의 영이 허락하지 아니함)→드로아→사모드라게→네압볼리→마케도냐 지방 빌립보→암비볼리→아볼로니아→데살로니가→베뢰아→아덴→고린도(1년 6개월)→겐그레아→에베소→가이사랴→예루살렘→안디옥

III. 바울의 3차 전도여행(AD 53~57년(약3년), 행 18:23~21:26)

바울은 2차 전도여행 직후 곧바로 3차 여행을 떠난다. 그는 다시 1, 2차 전도 여행지를 방문하여 교회를 든든히 세웠다(행 18:23~21:26). 치 전도여행 당시 잠시 들른 에베소에 남겨진 브리스길라와 아굴라 부부는 에베소를 찾아온 알렉산드리아 출신 신학자 아볼로를 가르친다. 이후 아볼로는 아가야지방[26]으로 가고 싶어 하자 에베소 신자들은 편지를 써서 그곳에 보내어 주고 그는 열정적으로 사역을 한다(18:23~28).

1. **출발지 :** 수리아 안디옥

2. **여행자 :** 바울

26) 고린도 교회가 있는 지방이다. 사도행전 19:1은 "아볼로가 고린도에 있는 동안~" 이라고 기록하고 있는데, 에베소에서 바울은 고린도 교회의 사정을 듣게 되고 이후 고린도에 보내는 편지를 쓴다. 고린도전서에서 언급하고 있는 파당 중 하나인 아볼로 파는 바로 아볼로가 그곳에서 목회를 하고 있었기 때문이다.

3. 여행경로

> 수리아 안디옥 → 갈라디아 지방 → 브루기아 지방 → (윗지방) → 에베소(두란노 서원에서 2년 동안 복음 전함, 3년 동안 체류함, 고린도전서) → 미둘레네 → 앗소 → 드로아 → 빌립보(고린도후서) → 데살로니가 → 베뢰아 → 고린도(3개월, 로마서 기록) → 베뢰아 → 데살로니가 → 빌립보 → 드로아 → 앗소 → 미둘레네 → 밀레도 → 바다라 → 두로 → 가이사랴 → 예루살렘(체포)

IV. 바울의 로마 전도여행(행 21:27~28:31)

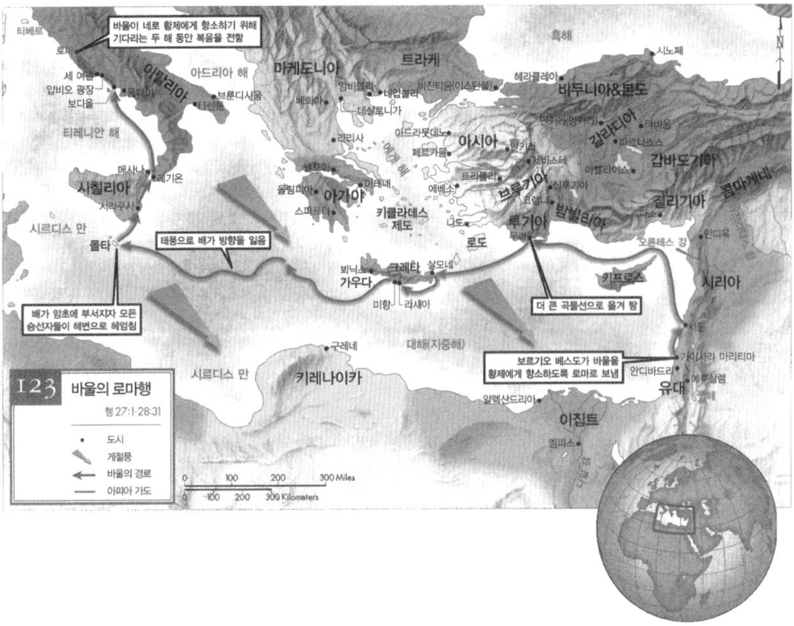

〈로마로 호송〉

로마 : 1차 구금(2년간 AD. 60~62 / 행 28장), 옥중서신(에베소, 빌립보,

골로새), 빌레몬서 기록

끝나지 않은 사도행전

V. 사도행전 이후의 사도 바울

1. 1차 구금 상태(2년 AD. 60~62) : 사도행전 마지막 28장

2. 4차(?) 전도여행(AD. 62~66) : 1차 구금에서 잠시 자유로와져 디모데, 디도와 활동한다. 바울이 다시 마케도냐에 가면서 디모데를 에베소에 두고, 디도를 그레데에서 목회하도록 함. 목회서신(디모데전서, 디도서) 기록

3. 2차 구금 상태(AD. 66~67경) : 바울의 임종이 가까운 때. 디모데후서 기록

갈라디아서

1. 주 제 : 믿음과 자유 〈갈라디아서를 "기독교 자유의 대헌장"이라 부른다.〉

2. 핵심구절 : 5:1, 13[27)]

3. 중심내용 : 율법과 죄에서 구원하여 영광스런 자유에 들어가게 하심

4. 갈라디아 교회

갈라디아는 한 도시가 아니라 소아시아 중북부의 넓은 지역을 가리킨다. 이곳에는 여러 민족들이 섞여 살고 있다. BC 300년경에 프랑스인으로 알려진 Gauls 족속이 이곳으로 와서 지배하여 거주하게 되었는데, 그들의 이름을 따서 "Galatia"라고 하였다. 오늘날도 이곳을 여행하는 사람들은 갈라디아인들과 서부 프랑스인을 닮은 매력적인 머리와 푸른 눈을 가진 사람들을 더러 만날 수 있다.

바울은 2차 전도여행 중에(행전16:6) 병으로 갈라디아에 머물면서 복음을 전하였고(갈 4:13), 교회를 세웠다(갈 1:6). 그가 전한 복음의 내용은 "그리스도의 십자가의 죽으심(갈 3:1)"이었다. 이는 바울이 하늘로부

---

27) 5:1 "그리스도께서 우리를 자유롭게 하려고 자유를 주셨으니 그러므로 굳건하게 서서 다시는 종의 멍에를 메지 말라"
5:13 "형제들아 너희가 자유를 위하여 부르심을 입었으나 그러나 그 자유로 육체의 기회를 삼지 말고 오직 사랑으로 서로 종노릇 하라"

터 받은 메시지였다(갈 1:11-12). 갈라디아 성도들은 바울에게 아낌없는 사랑을 주었다(갈 4:14~15).

5. 기록목적

1) Celtic 인들은 잘 변하고 색다른 것을 좋아하는 기질을 가지고 있었다. 그런데 유대 교사들이 이곳에 와서 행함으로 구원을 받는다며 할례와 같은 의식을 따르게 하였다. 이들은 곧 이 교훈을 좇았다(갈 1:6).
2) AD 56년 마케도냐 지역에서 바울은 갈라디아 성도들이 다른 복음에 넘어졌다는 소식을 듣고 급하게 직접 편지를 써서 보냈다(갈 6:6).

6. 특징

1) 바울의 다른 서신과 달리 찬양과 감사가 없이 시작한다. 심지어 기도에 대한 요청조차 없다. 침체에 빠진 갈라디아 교인들이 남을 위해 기도할 수 없었을 것이기 때문이다.
2) 갈라디아서는 다른 서신서보다 복음 안에서의 자유와 영성을 위협하는 유대주의, 로마주의, 의식주의 같은 형식주의로부터 기독교의 자유에 대하여 더 많이 기록하였다.
3) 이 서신은 루터가 좋아하는 서신서로 종교개혁에 가장 중요한 역할을 하였다.
4) 믿음으로 의롭다하심을 얻는다는 교리를 다른 어느 서신서보다 더 강조하는데, 매우 내적이고 영적인 것이다(1:16, 2:20, 4:6,19).

7. 내용분해

복음의 변호	복음에 대한 설명	복음의 적용
율법에 매인 자들을 향해	율법에서 벗어난 자들을 향해	믿는 자들을 향해
1 ~ 2 장	3 ~ 4 장	5 ~ 6 장

A. 복음의 변호 - 율법에 매인 자들을 향해 1~2장

- 서론 1:1~5

1) 율법에 매인 교회에 대한 책망 (1:6~10)

2) 사도직에 대한 변호 (1:11~2:10)

① 갈라디아 성도들을 향해 (1:11~22)

② 예루살렘 교회를 향해 (2:1~10)

3) 율법에 매인 개인(베드로)에 대한 책망 (2:11~14)

4) 믿음으로 의롭게 되는 원리 (2:15~21)

B. 복음에 대한 설명 - 율법에서 벗어난 자들을 향해 3~4장

1) 율법과 믿음의 차이 (3:1~14)

2) 율법의 역할 (3:15~29)

3) 복음의 역할 (4:1~7)

4) 율법주의에 대한 경계 (4:8~31)

C. 복음의 적용 - 믿는 자들을 향하여 5~6장

1) 참 자유를 누려라 (5:1~15)

2) 성령의 열매를 맺어라 (5:16~25)

3) 성령 안에서 교제하라 (6:1~10)

※ 마지막 경고 (6:11~18)

데살로니가 전서

1. 주 제 : 그의 백성들을 위해 다시 오실 주님

2. 중심말씀 : 예수님을 기다리며 (1:9~10)

3. 기록연대

바울이 고린도에 있을 당시 데살로니가인의 교회에 보내는 첫 번째 편지(AD. 51~53)

4. 기록목적

1) 3:6~8에서 디모데 편으로 데살로니가 교회의 소식을 듣는다. 디모데 편에 들린 교회 소식은 데살로니가 교회가 활기차고 건강한 상태에 있다는 보고였다. 대단히 기뻐하였다. 그러나 한 가지 주님의 재림에 대하여 잘못된 관점을 가지고 있어 이를 편지를 통해 바르게 지도하였다. 예를 들면 주님의 재림 때 있을 영광을 생각하지 않고 예기치 않은 한 성도의 죽음으로 대단히 슬퍼하고 있었다. 또 주님의 재림이 급하게 이뤄질 것이라는 생각에 휩싸여 일조차도 하지 않았다(4:111~12, 3~18). 그러므로 아덴에 있는 디모데 편으로 이 편지를 보내게 되었다(3:1~2).

2) 주님의 재림에 관한 교훈은 신약 성경 260장에서 318번이나 언급되었다. 마태복음에서 계시록까지 20절에 한 번 꼴로 언급하였다. 이것만 봐도 재림에 대한 확고한 신앙이 얼마나 중요한가를 알 수 있다.

5. 데살로니가 교회

바울이 제 2차 전도여행 시에 드로아에서 빌립보에 건너간 역사적인 사건이 있었다. 그 후 아덴과 고린도 지역을 방문하기 위해 남으로 향하던 중 데살로니가를 지나게 되었다. 그 때 데살로니가에 교회를 세웠다(행전 17:1~9). 이곳에서 1개월가량 머물면서 강력하고 신실하게 활동하였는데, 단순히 데살로니가 교회가 세워지는 데 그치지 않고 견고히 자리 잡은 교회가 되게 하였다. 다른 지역의 교회들은 통상적으로 느리게 자랐지만 데살로니가 교회는 빠르게 성숙하여 높은 수준[28]에까지 이르렀다.

1:3 – 믿음과 사랑과 소망이 확실한 교회

1:4 – 택하심을 아노라

1:6 – 성령의 기쁨으로 도를 받음

1:1,6 – 삼위일체 하나님의 은총을 입음

1:10 – 재림의 주님을 기다리는 교회

4:1~3 – 거룩한 교회

6. 내용분해

〈전체주제 : 주님의 재림에 대한 바른 이해〉

이 짧은 서신은 5단락으로 나누어지는데, 그 중에 네 번은 주님의 재림에 관하여 언급하였다. 그들에게 매우 중요한 교훈이기 때문이다.

---

28) 데살로니가 전서 1:7~8 "그러므로 너희가 마케도냐와 아가야에 있는 모든 믿는 자의 본이 되었느니라. 주의 말씀이 너희에게로부터 마케도냐와 아가야에만 들릴 뿐 아니라 하나님을 향하는 너희 믿음의 소문이 각처에 퍼졌으므로 우리는 아무 말도 할 것이 없노라."

A. 영적인 감각이 있는 소망

회심한 사람을 위해 – 회심과 재림(1장)

1) 인사 (1:1)

2) 훌륭한 섬김, 소망의 인내, 선택, 복음을 받아들임으로 인한 감사(2~8)

3) 회심 : 주님을 기다리며 우상 섬김에서 하나님께로, 섬기는 삶으로, 소망이 있는 삶으로(9~10).

B. 용기를 북돋우는 소망

신실한 종을 위해 – 섬김과 재림(2장)

1) 바울의 섬김의 특성을 아주 잘 요약함 – 헛된 것이 아님(2:1)

2) 고난과 핍박 중에 복음을 전함(2)

3) 솔직하고 열려 있음(3)

4) 오직 하나님의 기뻐하심과 영광을 위함(4~6)

5) 바울의 데살로니가 교회에 대한 사랑(7~9)

6) 지지해 주시는 분과 거룩한 삶(10~12)

7) 성장의 원인과 경계해야 할 것(13~16)

8) 재림 시 가장 위대한 상은 회심자들과 함께 주님의 재림을 맞는 것(17~20)

C. 거룩한 소망

믿는 자를 위해 – 생활의 순결함과 재림(3장~4:12)

1) 바울의 열심(3:1~4)

2) 데살로니가 교호가 굳건히 서므로 바울이 힘을 얻다(8)

3) 재림은 거룩한 삶에 자극을 줌(13)

어긋나지 않는 행함(4:1), 거룩함(4:3~8), 형제 우애(4:9~10)

4) 영광스런 재림을 소망하는 자는 게으르지 않다(4:11~12)

D. 위로가 되는 소망

잃어버린 자를 위해 – 사별과 재림(4:13~18)

주 안에 죽은 우리의 사랑하는 자들이 먼저 일어난다.

주님 재림 시에 그들이 재림의 주님과 함께 할 것이다.

E. 소망을 일깨움

잠자는 그리스도인들에게 – 방심하지 않음과 재림(5장)

1) 우리 주님의 임하심은 밤에 도적이 임함같이

즉각적으로, 빠르게, 갑자기, 예기치 않은 때에 임하신다.

2) 한 편 밤에 도적같이 임하시지 않는다.

어둠에 있지 않고 깨어 있는 자는 주님 오심을 예상할 수 있다.

3) 경각심을 가져야 할 필요성이 있다.

데살로니가 후서

1. 주 제 : 그의 백성들과 함께 다시 오실 주님

2. 중심말씀 : 주의 날 (1:6~9)

3. 기록목적

데살로니가 교회에 첫 번째 편지를 보낸 후 얼마 되지 않은 때에 바울은 두 번째 서신을 보내야 할 필요성을 느꼈다. 이유는 데살로니가 전서의 내용을 잘못 이해한 것과 거짓 메시지 때문이다. 이는 둘 다 제자들로부터 나온 것으로 생각되는 데, 어떻든 데살로니가 성도들로부터 나온 것으로, 지어 낸 성령의 계시(2:2)에 관한 것이다. 곧 주의 날에 대하여 잘못 전하는 것과 주의 날에 견딜 수 없는 고난을 통과해야 한다는 것 때문에 걱정하고 있었다.

4. 서신의 교훈

1) 이 서신 속에 바울은 주의 날이 이르기 전 주의 날이 이를 것을 알리게 될 몇 가지 확실한 사건이 있을 것이라고 선포하므로 그들을 안심시켰다.

① 많은 사람들이 믿음에서 떨어질 것

② 주님은 그의 백성들을 위해 오신다.

③ 주님의 오심은 죄인들도 공개적으로 보게 될 것이다.

④ 주님이 적그리스도에 대하여 심판하신다.(2:8).

2) 첫 번째 서신에서 바울은 그리스도 안에서 잠든 제자들과 함께 주님의 재림에 참여하게 될 것을 가르쳤다. 그리고 그의 두 번째 서신에서 그는 살아 있는 성도들이 주의 날에 있을 심판을 갑자기 만나지 않을 것이라고 하였다. 첫 번째 서신에서 그는 주의 재림이 "갑자기(sudden)" (살전 5:1~4) 임하실 것이라고 가르쳤다. 그러나 두 번째 서신에서 그 "갑자기" 라는 뜻이 "당장(immediate)" 을 뜻하는 것이 아니라고 하였다.

5. 내용분해

A. 박해받는 자들에게 위로 1:1~7

1) 인사 (1~2)

2) 칭찬 (3~4)

3) 격려 (4~7)

① 그들의 거룩한 경건과 자라나는 믿음과 풍성한 사랑을 격려함(4)

② 그들의 박해 가운데서 보여준 인내와 신실함을 격려함(5)

③ 하나님의 공의로운 심판이 임하게 될 것(6~7)

B. 회개치 아니한 자들에게 임할 두려움 1:7~12

1) 이 구절은 온 세상이 다 회개하기까지 오시지 않으리라는 설을 깨트린다.[29)]

---

29) 베드로후서 3:9 "주의 약속은 어떤 이들이 더디다고 생각하는 것 같이 더딘 것이 아니라 오직 주께서는 너희를 대하여 오래 참으사 **아무도 멸망하지 아니하고 다 회개하기에 이르기를 원하시느니라**"

2) 재림의 목적은 심판만이 아니라 영광을 얻게 하려는 것(12)

3) 바울의 기도(11~12)

C. 재림 전의 사건들과 권면 2:1~117

1) 미혹하는 무리들(1~2)

2) 불법의 아들이 나타남(3~8)

3) 불법한 자들의 성격(9~12)

4) 권면(13~17) – 주안에 하나 되어 굳게 서라

D. 기도와 경고 3장

1) 기도요청(1~5)

2) 게으름에 대한 경고(6~14)

3) 축복기도(15~18)

인류의 보편 구원을 의미하는 것이 아니라 모든 인류를 똑같이 사랑하시는 주님의 성품을 말씀하는 것이다.

고린도 전서

1. 주 제 : 그리스도의 주 되심(마태복음 16:15~16)

• 신앙고백의 중요성

2. 중심말씀 : 주 예수 그리스도 (1:2)

3. 개 요

1) 교회의 설립

고린도 교회는 사도 바울에 의해 세워졌다(고전 4:15).

교회를 세우기까지 18개월이 소요되었고 많은 어려움이 있었다(행전 18:1~17).

2) 편지의 기원

① 바울이 고린도를 떠난 후 에베소에 거의 3년간 머물렀는데(행전 19장)[30], 그 동안 고린도 교회 안에서 무질서한 사건이 일어났다. 이 소식을 듣고 질서를 바로 세우기 위해 곧 바로 고린도에 갔어야만 했다. 며칠간의 방문이었다(고후 12:14 13:1). 방문 후 돌아와 첫 번째 편지로 권면하였다.[31] 그리고 다시 두 번째 편지인 고린도전서를 보냈다.[32]

---

30) 에베소에서 3년간의 사역을 끝낼 즈음에 고린도 전․후서를 기록하였다(고전 16:8).
31) 현재 이 편지는 소실되어 알 수 없다(고전 5:9)
32) 고린도후서는 세 번째 편지다.

② 바울은 평소 잘 알고 있던 사람(고전 1:11)과 일반적으로 들린 소식(고전 5:1 11:18)을 통해 고린도교회의 상황을 알게 되었다. 그의 열정적인 노력에도 불구하고 무질서는 계속되었다. 바울이 첫 번째 보낸 편지(알려지지 않음)에 대한 답과 아울러 돌아온 질문(7:1)을 보고 편지를 쓴 것이 "고린도 전서" 이다.

3) 핵심 열쇠

① 편지의 핵심은 고린도 교회의 정신적, 도덕적 그리고 영적인 상태이다.

② 고린도는 아덴과 라이벌 관계에 있었다. 그들이 구사하는 헬라 언어와 문학과 학문과 논리에 대한 자부심이 컸다. 그런 환경 속의 고린도 교회는 비록 구성된 성도들이 주로 낮은 층(1:26)이었지만 지적인 자만심을 갖게 하는 헬라의 별난 유행에서 벗어나지 못했다. 바울은 이런 헬라인들의 마음을 잘 알고 하나님이 보시기에 어리석은 이들의 세상적인 자부심을 지적하였다(고전 1:17. 2:1).

 – 하나님을 세상 지혜로서 알 수 있는 게 아니다.(고전 1:21)

 – 자연인은 신령한 것을 행하지도 받지도 못한다.(2:14)

③ 고린도 교회는 현실적인 많은 문제를 안고 있었다. 당파(1:1~4장), 불륜(5장), 소송(6장), 우상제물(8~10장), 하나님께 나아오는 자의 자세(부인의 수건 11:1~16), 성찬(11:17~34), 은사(12~14장), 부활(15장), 헌금(16장) 등. 이런 문제는 오늘날 교회에서 찾을 수 있는 문제다.

④ 그들의 잘못된 교리를 교정해 주었다.(15:12)

4) 메시지

1:1~10 사이에 "주 예수 그리스도"라는 말이 6번(2,3,7,8,9,10)이나 계속된다.

이는 저자가 의도적으로 강조하고 있다는 뜻이다. 특별히 "주님"이라는 말을 고귀하게 사용하고 있다(1:31, 2:8,16 3:20 4:4 5:4,5 6:13 등). 이는 그들의 영적인 좌절과 삶 속에서 영성을 잃어버린 원인이 예수 그리스도가 "주 되심"을 확신하고 인정하지 못했기 때문이다.

4. 내용분해

A. 서론 인사와 감사 1:1~9

B. 고린도 교회의 문제점 지적 1:10~8장

1) 교회의 무질서 (1:10~4:21)

① 교회의 분열을 책망함 (1:10~18)

② 세상적인 지혜를 꾸짖음 (1:19~2:16)

③ 진정한 사역에 대한 분별 (3:1~23)

영과 육신 중 어디에 속하였는가? (1~4)

인간의 사역과 하나님의 사역에 대한 분별 (5~9)

어디에 세워졌는가? (10~17)

참된 지혜 (18~23)

④ 무질서에 대한 권면 (4장)

2) 사회의 무질서 (5~8장)

① 음행 – 근친상간의 죄 (5장)

② 소송 – 성도가 소송문제 (6:1~11)

③ 음행 – 일반적인 죄 (6:12~22)

④ 결혼과 이혼 (7장)

⑤ 우상 제물에 대하여 (8장)

C. 고린도 교회에 대한 바울의 요청 (9장~16:4)

1) 바울의 권위에 대하여 (9장)

2) 덕을 세우는 삶에 대하여 (10장)

3) 여성의 지위에 대하여 (11:1~16)

4) 올바른 성찬 참여에 대하여 (11:17~34)

5) 올바른 은사 사용에 대하여 (12~14장)

(온전한 그리스도인의 덕–사랑 13장)

6) 부활에 대한 확실한 자세 (15장)

7) 이웃 교회를 도움 (16:1~4)

결론 : 바울의 계획과 문안 및 인사 16:5~24

고린도 후서

1. 중심말씀 : 사역과 주의 위로 (1:1~4)

2. 배 경

고린도전서를 디도 편으로 보낸 후 바울은 에베소에 남았다. 그런데 데메드리오의 소동으로 말미암아(행전 19:23~41) 서둘러 떠나게 되었다. 드로아를 거처 에게 바다를 건너 마케도냐에 이르게 되었는데 거기서 고린도를 방문한 디도를 만나기로 하였다. 그러나 기다리던 디도는 오지 않았다. 이것이 바울에게 큰 고통이었다(고후 2:12~13, 7:5~6). 그의 큰 걱정은 고린도전서의 편지를 받은 고린도 교회 성도들의 반응과 결과였다. 최악의 상황을 두려워하던 바울은 에게 해를 건너 빌립보에서 디도를 만났다. 디도를 통해 고린도 교회의 소식을 듣게 된 바울은 고린도후서를 써서 다시 고린도에 보냈다.

3. 기록목적

디도에게서 바울은 그의 첫 번째 편지의 목적대로 교회와 범죄자들이 회개하였음을 알았다(고후 7:6~16, 2:1~11). 그러나 예루살렘에 있는 교회로부터 소개받은 유대주의 교사들이 율법적인 권면으로 된 서신을 가지고 와서 다른 복음을 전하였고, 바울의 사도성과 다시 온다는 약속대로 고린도로 돌아오지 않은 바울의 비겁성을 비난하고 있다는 것 또한 알게 되었다. 게다가 자연히 이런 무리들의 영향으로 바울에게 적대감을 갖는 자들이 급격히 많아지게 되었음을 알았다(3:1~3, 4:2, 10:10,

11:10,12,13).

그래서 바울은 고린도후서에서

1) 왜 아직 고린도를 방문할 수 없었는지를 설명함(1:15~24, 2:1~3)

2) 회개한 범죄자들을 회복시켜 줄 것을 권고함(2:6~9)

3) 첫 번째 보낸 편지에 순복하는 것을 칭찬함(7:4,15)

4) 예루살렘에 있는 가난한 성도들을 위한 약속한 기부금을 지불 할 것(8:10,11)

5) 거짓 교사들을 향한 경고(11:3,4,13)

6) 그의 사도직에 대한 변명(11~12장)

7) 아직도 회개치 않는 소수의 무리들을 향한 경고(12:21, 13:2)

4. 바울의 계시

고린도 후서에는 다른 서신에 없는 바울의 개인적인 경험을 기록하였다. 이는 사실 바울 자신의 형편을 알려 준 것(계시)이다. 이는 놀랍도록 깊고 강한 그리스도의 사랑을 나타낸 것이다(5:14). 당시 그는 육체적으로 몹시 고통을 당하고 있었다(1:8~10 12:7~9). 그의 수고와 고통과 역경(11:23~33)을 생각하면 놀라운 일도 아니다. 10:10과 11:6은 그의 개인적인 외모와 말씨에 대하여 말하지만 구체적인 내용은 알지 못한다. 12장은 14년 동안 지켜온 바울의 비밀이다.

5. 메시지

고린도 후서에는 빛나는 은유가 있다.(2:15, 3:3, 3:18, 4:7, 5:20)

특히 위로와 사역이라는 두 단어가 유독 많이 나타난다.

위로 : 근원(1:3), 목적(1:4), 보상(1:5), 그리스도인의 의무(2:7), 어떻게 하나님이 위로하셨는지(7:6,7,13), 명령(13:11)

사역 : 영적 사역—일군(3:6), 영광스러운 사역 : 영의 직분(3:8)
사탄의 사역(11:15)과 주의를 요함(6:3) 하나님의 사역(6:4)
복음전파(1:19, 2:12, 4:5), 낙심하지 않도록 도움(4:1), 화목케 하는 사역(5:18)

• 구약 성경에는 종종 전능하신 하나님에 대하여 말씀한다. 그러나 신약에서는 10회 뿐이다. 그 중 아홉은 요한계시록에 그리고 1회가 고린도후서에 기록되어 있다(6:18). 특히 13:13은 축도로서 인용된 것으로 유명하다.

6. 내용분해

A. 설명 1~7장

1) 서론 (1:1~2)

2) 위로 (3~11)

3) 방문계획 변경에 대하여 (1:12~2:4)

4) 잘못한 자 용서하라 (2:5~11)

5) 향기 나는 사역 (2:12~17)

6) 새 계약의 일군 (3장)

7) 질그릇에 담긴 보화 (4:1~15)

8) 겉 사람과 속 사람 (4:16~18)

9) 고난 가운데 약하지 않는 이유 (5:1~10)

10) 새로운 피조물 (5:11~6:13)

11) 구별되어야 할 것 (6:14~7:1)

12) 바울의 기쁨 (7:2~16)

B. 권면 8~9장

1) 타 교회의 본을 받으라. (8장)

2) 약한 교회를 도우라. (9장)

C. 변명 10~13장

1) 바울의 사도적 권위에 대하여 (10장)

2) 경계해야 할 것 (11:1~15)

3) 사도성에 대한 변호 (11:16~33)

4) 받은 계시 (12장)

5) 마지막 경고와 인사 (13장)

로마서

1. **주 제 :** 믿음으로 말미암는 의와 삶

2. **중심말씀 :** 의 (1:16~17)

3. **서 신 서**

로마서는 AD 58년 2월 고린도에서 로마의 성도들에게 보낸 것이다. 그가 머물렀던 곳은 고린도에서 부한 생활을 하였던 가이오(16:23) 성도의 집이었다. 그의 편지는 더디오(16:22)가 대서했다. 자매 '뵈뵈' 를 추천해서 보내기도 했다(16:1).

4. **의 견**

〈로마서는 가장 값진 바울의 서신서다.〉

크리소스톰 '쓰인 성경 중에 가장 심오한 성경'

칼빈 '로마서를 보는 것은 모든 보화가 담긴 방의 문을 여는 것과 같다.'

루터 '로마서는 신약성경 중 가장 뛰어난 책이며 가장 순수한 복음이다.'

멜랑톤 '로마서를 깊이 깨닫기 위해서 두 번 정도 손으로 기록해야 한다.'

고뎃 '로마서는 기독교 신앙의 전이다.'

5. 목 적

〈어떻게 인간이 하나님 앞에서 의로울 수 있는가?(욥 9:2)〉

어느 누구도 그를 만드신 분에게 합당하지 않으면 의로워질 수 없다. 로마서는 의에 대한 하나님의 방법을 나타낸다.

6. 내용분해

의인이 되는 길	의인 된 자의 삶
1~11장	12~16장

A. 교리 1~11 장

1) 복음에 나타난 믿음으로 말미암는 의 (1:1~17)

① 인사 후 로마를 방문하려는 바램을 나타냄 (1:10~13)
로마교회 성도들에게 복이 되게 하고 복음을 전하므로 진 빚을 갚기 위해

② 죄인을 의롭게 하시는 하나님의 방법 (1:16)

③ 이는 가장 기본이 되는 본문(text)이다. (1:17)

2) 믿음으로 말미암는 의의 우주적인 필요성 (1:18~3:20)

① 모든 인생이 전적으로 하나님의 공의로우신 은혜를 필요로 한다.

② 어떻게 이방인이 하나님에게서 멀어졌으며 그 결과 따르는 파멸 (1:18~32)

③ 유대인들도 동일한 은혜를 필요로 한다. (2장)

3) 어떻게 의로워지는가? (3:21~31)

① 의의 원천인 은혜 (3:24)

② 의의 근거인 보혈 (3:25 5:9)

③ 의의 통로인 믿음 (3:22,26,28)

④ 의의 확증인 그리스도의 부활 (4:25)

⑤ 의의 증거인 행함(야고보서 2:14~26)

4) 믿음으로 말미암아 의로워지는 것은 교리의 본질이다 (4장)

① 이것은 새로운 교리나 고상한 생각이 아니다.

② 아브라함도 믿음으로 의로워졌다(22~24).

5) 의로 말미암는 복 (5장)

① 화평 (5:1)

② 들어감 (5:2)

③ 환란 중에도 즐거워 함 (5:3)

④ 마음에 하나님의 사랑이 내재하심 (5:5 로마서에서 처음 성령에 대한 언급)

6) 믿음으로 말미암는 의와 죄에 대한 질문 (6장)

믿음으로 의롭게 됨은 더 이상 죄 속에 거하지 않게 한다. 죄와 함께 죽었다.

예수 그리스도 안에서 새롭게 태어났다. 죄에서 벗어나 의롭다 하심을 받음

7) 의로워지는 데 있어서 번민과 괴로움 (7장)

새 생명과 옛 성품 사이에 번민과 투쟁이 있다. (7:15~25 • 갈라디

아 5:16~17)

8) 의로워지는 데 있어서 자유와 특권 (8장)

성령 하나님의 인도하심 속에 일어나는 각종 은총 : 저주와 분리가 없다.

9) 의와 믿지 않는 유대인 (9~11장)

① 피조물을 향한 하나님의 주권적인 역사 (9장)

② 왜 이스라엘을 버리셨는가? (10장)

③ 이스라엘을 버리심은 부분적이고 영원한 유기가 아님 (11장)

B. 실제 생활 12~16장 -의롭게 된 성도의 의무-

1) 하나님께 – 연합(세상과의 일치를 버림) (12:1~2)

2) 나에게 – 자만심을 버려라. (12:3)

3) 교회에게 – 주신 은사를 사용하라. (12:4~8)

4) 다른 성도들에게 – 사랑하라. (12:9~13)

5) 원수에게 – 복수하지 말라. (12:14~21)

6) 국가에게 – 복종하라. (13:1~7)

7) 이웃에게 – 빚지지 말라(사랑의 빚 외에는). (13:8~14)

8) 약한 형제에게 – 생각하라. (14:1~15:7)

9) 모두에게 – 예의를 지켜라. (15:8~16:27)

에베소서

1. 주 제 : 그리스도의 몸인 교회 “교회 공동체”

2. 중심말씀 : 1:22~23, 5:30

3. 에베소 교회

에베소 교회의 기초를 놓은 사람은 바울이다. 그가 처음 에베소를 방문한 것은 AD 54년 봄인 데, 2차전도 여행 중 매우 짧은 기간 방문하였다. 왜냐하면 어떤 좋지 못한 문제를 해결하기 위해 정한 기일을 두고 예루살렘에 가야했기 때문이다(행전 18:19~21). 그 후 바울은 3차전도 여행 중에 에베소에 다시 돌아와 거의 3년 동안 머물면서 전심을 다하며 사역했다.(행전 19:8~10, 20:31)

4. 배경

에베소서는 바울이 첫 번째 로마감옥에 갇혔을 때 기록한 것이다. 에베소 교회를 세운지 10년 후의 일이다. 에베소서는 문체의 장엄함에서 다른 서신서를 초월하고 사도들의 글 가운데 탁월하다. 피어슨 박사는 “에베소서는 사도바울의 세 번째 하늘의 편지”라고 하였다. 깊은 파멸의 구렁텅이에서 높은 구원으로 솟아오르는 것이기 때문이다. 이는 신약성경의 알프스와 같다. 사람이 설 수 있는 최고의 지점에 도달하기까지 한 걸음씩 나아가는 하나님의 산에 부름 받았기 때문이다.

5. 특징 있는 교훈

에베소서의 특별한 교훈은 그리스도의 몸인 교회와 거룩한 지체의 일원인 믿는 자에 관한 것이다. 하나님 아버지께서 고난당하신 주님을 위해 거룩한 지체를 준비하셨을 뿐 아니라 신비하게도 그 지체 안에서 주님께 영광이 되도록 하기 위해 예비하셨다. 의에 관하여는 로마서와 갈라디아서가 있듯이 교회에 관하여는 골로새서와 에베소서가 있다. 에베소서와 골로새서는 같이 로마 감옥에서 같은 시기에 쓰였다. 한편으로 유사하게 여겨나 세밀히 살펴보면 에베소서는 그리스도의 몸으로서의 교회를 강조하고, 골로새서는 몸의 머리로서의 그리스도가 탁월한 진리시라는 것을 강조한다.

6. 중요 단어

1) 에베소서에는 중요 단어가 많다.

① 그리스도 안에서(in Christ) — 1:1,6,7,11,13 2:6,10,13,21,11 4:21

② 행하여(walk) — 2:2,10 4:1,17 5:2,8,15

③ 함께(together) — 1:10 2:5,6,22

④ 그러므로(therefore) — 2:11,19 3:13 4:1,17 5:1,7,17

⑤ 풍성 — 1:7,18 2:7 3:8,16

⑥ 사랑 — 1:4 3:17 4:2,15,16 5:2

2) 에베소서는 그리스도의 교회에 대한 분명한 그림을 그리게 한다.

① 성전—2:21,22

② 사람의 몸 — 1:22,23 4:15

③ 남편과 아내 — 5:25~32

7. 내용 분해

교리 부분	생활 부분
1~3장	4~6장

A. 교리 부분 1~3장

1) 그리스도의 몸 된 교회성도들에게 문안 (1:1~2)

머리에 연합된 몸으로 "그리스도 예수 안에서"란 말이 에베소서의 핵심단어로 그 안에 우리가 존재하고 모든 것을 가진다.

2) 그리스도의 몸 된 교회성도들을 위한 은총 (1:3~14)

영원한 하나님의 은총을 찬양함

3) 그리스도의 몸 된 교회성도들을 위한 기도 (1:15~21)

에베소서에는 두 편의 기도가 있다. 본문과 3:14~21이다.

첫 번째에서는 빛을 알기를 위해, 두 번째에서는 능력을 알기를 위해 기도함

4) 그리스도의 몸인 교회의 머리이신 그리스도 (1:22~23)

예수님은 새로운 질서와 새로운 몸의 머리시다.

5) 그리스도의 몸인 교회에 어떻게 참여하는가? (2:1~10)

하나님의 역사는 그의 몸 된 교회를 조성하는데서 알게 된다. 죄로 말미암아 죽은 몸이지만 용서해 주시고 구원하여 하늘에서 그리스도와 함께 앉히셨다.

6) 그리스도의 몸인 교회는 복의 연합체이다. (2:11~22)

십자가로 하나가 되었다. 모퉁이 돌이신 예수님으로 연결되어 있다.

7) 그리스도의 몸 된 교회에는 이방인들도 함께 한다. (3장)

① 이방인들을 위해 사명을 받은 바울

② 복음을 위한 바울의 자세

③ 강건함을 위한 기도

B. 생활 부분 4~6장

1) 그리스도의 몸인 교회의 연합 (4:1~6)

성령 안에서 연합되었으며, 하나님과 하나 되었음

2) 그리스도의 몸 된 교회를 이끄심 (4:7~16)

갖가지 은사를 주셔서 이끄신다.

3) 그리스도의 몸 된 교회 성도들의 의무 (4:17 ~ 6:17)

① 영적 생활에서 (4:17~5:20)

- 허망한 것을 버려라 (4:17~19)
- 새 사람을 입으라 (4:20~24)
- 적극적으로 살라 (4:25~32)
- 성결하며 빛 된 생활 (5:1~14)
- 성령으로 충만한 생활 (5:15~21)

② 가정생활에서 (5:22~6:4)

- 남편과 아내 (5:22~33)
- 부모와 자식 (6:1~4)

③ 사회생활과 영적 무장 (6:5~17)

C. 결론 • 기도 요청과 인사 (6:18~24)

빌립보서

1. 주 제 : 고난 중에서 갖는 그리스도인의 자세

2. 중심내용 : 그리스도인의 기쁨 (4:1~4)

3. 빌립보서

1) 이 서신은 유럽의 그리스도인들에게 대단한 가치를 지닌다. 빌립보 교회는 유럽에 세워진 최초의 교회다. 자주장사 루디아의 가정에서 시작하였고 빌립보 감옥의 간수장과 신들린 여종이 주축이 되어 세워진 교회다. 이 첫 교회에 보낸 편지라서 의미를 가진다(행전 16:9~40).

2) Durham 주교는 빌립보서를 "하나님의 책에서 가장 아름답고 사모하는 서신" 이라고 하였다. 가장 유명하고 심오한 것은 아니지만 바울 서신 중에 가장 매력을 끄는 서신이다. 이는 다른 어떤 교회보다 더 바울을 위해 헌신한 빌립보 교회 성도들에게 보내는 영적인 사랑의 편지다. 이 서신을 통해 사도의 마음을 엿볼 수 있다.

4. 특징

1) 빌립보서에는 구약성경에서 인용한 구절이 없다.

2) "기쁨(joy)", "즐거움(rejoice)" 이라는 단어가 각 장마다 있다. (1:4,18,25,26 2:2,16,18 3:1,3 4:1,4,10)

3) "마음(mind)" 이라는 단어가 되풀이된다(1:27 2:2,3,5 3:15,19 4:2,7).

4) 성령에 관하여는 세 번 언급되지만 각 구절에서 중요한 의미를 지닌다.

① 성령의 공급(1:19)

② 성령의 교제(2:1)

③ 성령으로 섬김(3:3)

5) 제자로서의 포기해야 할 것과 보상이 무엇인가를 가르친다(3:4~14).

6) 다른 어떤 서신서보다 책망과 지적이 적고 칭찬이 많다.

5. 빌립보 교회

빌립보 교회는 관대한 교회였다. 바울의 필요한 부분들을 채워주었다(4:15~16). 그들은 바울이 로마 감옥에 갇혔다는 소식을 듣고 에바브로디도를 보내어 그를 돕게 하였다(4:10,18). 그러나 그가 로마에 도착하여 병으로 거의 죽게 되었다. 그가 병들었다는 소문이 빌립보 교회에 들리게 되고 대단히 놀랐다. 그러나 그가 회복되어 다시 바울의 서신을 가지고 빌립보로 돌아가게 되었다.

6. 기록목적

1) 이 서신의 목적은 두 가지다.

첫째는 빌립보 교회 성도들이 보낸 풍성한 선물로 인하여 감사하려는 것이다. 또 하나의 중요한 목적은 에바브로디도를 통해 알게 된 것으로 빌립보 교회 안에 알력이 일어나 교회의 화평과 유익을 깨트리고 있는 것에 대한 권면이다.

2) 빌립보 교회서 일어난 알력은 두 명의 여성 지도자에 의해 일어난 것이다. 그들은 유오디아와 순두게 였다(4:2). 그 문제의 핵심은 교리적인 면인 것 같다, 그래서 두 여성을 권면하였다. 앞선 여성들의 올바른 자세가 교회의 화평에 얼마나 중요한 영향을 끼치는가를 알 수 있다.

3) 바울은 빌립보 교회가 둘로 나누어지는 것을 원치 않았다. 그래서 끊임없이 "all" 이라는 단어를 사용하고 있다. 각자가 표시해 본다면 놀라게 될 것이다. 그는 그들 모두의 마음이 주님의 위대하심으로 채워지기 원했다. 그래서 처음부터 잘못을 말하지 않고 거의 마지막에 언급하면서 하나 되기를 원했다.

4) 에베소서가 그리스도와 그의 몸 된 교회의 신비로운 연합에 대하여 기록하였다면, 골로새서는 교회의 머리되신 주님의 모습에 대하여 기록한 것이다. 그리고 빌립보서는 교회의 내면인 마음에 대한 것이다. 빌립보서의 중심내용이 그리스도인의 기쁨이듯이 내면에 기쁨을 소유한 공동체의 모습을 빌립보서를 통해 깨닫게 된다. 그러므로 모든 성경이 그러하듯이 특별히 에베소서와 빌립보서와 골로새서는 함께 묶어 이해하는 것이 유익하다.

7. 내용 분해

A. 모든 성도들에게 인사 1:1~2

B. 모든 성도들을 위한 기도 1:3~11

C. 모든 성도들에게 용기를 갖게 함 - 그리스도의 전파(목적) 1:12~30

1) 매임과 복음의 진보 (1:12~14)

2) 복음의 진보와 기쁨 (1:15~18)

3) 현실과 이상 (1:19~26)

4) 복음에 합당한 생활 (1:27~30)

D. 모든 성도의 본 - 그리스도의 겸손(낮아지심) 2장

1) 겸손하라 (2:1~4)

2) 겸손의 본 (2:5~11)

3) 겸손의 실천 (2:12~18)

4) 겸손의 예 (2:19~30)

E. 모든 성도들을 향한 경고 - 그리스도를 아는 지식(경고) 3장

1) 유대주의자들을 향한 경고 (3:1~6)

2) 포기해야 할 것과 보상받을 것에 대한 경고 (3:7~14)

3) 세속적인 것에 대한 경고 (3:15~21)

F. 모든 성도들을 위한 권면 - 함께 하시는 그리스도(중심) 4:1~20

1) 타인들과 (4:1~4)

2) 자신과 (4:5~9)

3) 주위 환경과 (4:10~13)

4) 물질과 (4:14~20)

G. 모든 성도에 대한 인사 4:21~23

골로새서

1. 주 제 : 그리스도의 최상의 영광과 신성

2. 중심말씀 : 교회의 머리이신 그리스도 (1:18~20)

3. 골로새에서의 이단

1) 바울은 로마 감옥에서 죄수로 있을 때

바울 곁에는 에바브라가 함께 있었다(몬 1:23). 그가 언제 회심하였는지 우리는 모르지만 아마 바울이 3년간 에베소에서 사역할 때인 것 같다. 골로새 교회는 바울이 개척하지 않았다(골 1:4,7,8 2:1). 에바브라가 에베소의 집회에서 은혜를 받고 고향으로 돌아가 교회를 세운 것이 골로새 교회다(1:7, 4:12).

2) 에바브라를 통해

골로새 교회에 이단이 일어났다는 소식을 들었다. 이단의 분명한 성격은 검토해야할 문제다. 그러나 서신 내용에 따라 판단하면 유대주의, 영지주의와 금욕주의, 천사숭배와 같은 것이다. 이런 이단의 한 가지 형태는 "육체는 본질적으로 악하다. 하나님은 본질적으로 거룩하시다. 본질적으로 거룩하고 본질적으로 악한 이 두 사이는 서로 교통할 수 없다. 본질적으로 거룩한 것은 본질적으로 악한 것과 접촉이 불가능하다. 이 두 사이는 측량할 수 없는 차이가 있어서 접촉할 수 없고 서로 알 수도 없다"는 것이다.

그리고 그들은 인간적인 수단을 강구하여 결론을 맺기를 거룩과 악, 이 둘이 서로 교통할 수 있는 것은 사람들의 자세에게 달려있다. 그래서 율법을 통해, 영적 지식을 통해, 금욕을 통해 하나님과 그 거룩에 접촉할 수 있다고 하였다. 자기 의와 노력으로 거룩에 도달할 수 있다는 것이다.

3) 결과적으로

① 그리스도의 주님이심과 통치하심을 파괴시키는 것이다.

② 그리스도의 중보자 되심을 파괴시키는 것이다.

4. 골로새서를 기록한 목적

1) 골로새서는 그리스도의 머리되심을 강조한다(1:18, 2:10, 19).

2) 그리스도인과 크리스천 사역자에 대한 것(4:7~13)이다.

그러나 주된 목적은 예수 그리스도의 신성이나 신격 그리고 그 분의 영광을 그려내 는 데 있다.

5. 내용 분해

교리 부분	생활 부분
1장 ~ 2:3	2:4 ~ 4장

A. 교리부분 1장~2:3

1) 골로새 성도들의 행함에 대한 감사 (1:1~8)

① 믿음, 사랑, 소망(• 4~5절)

② 성령 하나님에 대한 유일한 언급(8)

2) 골로새 성도들의 행함에 대한 중재 (1:9~14)

① 기도와 바램(9)

② 전형적인 형태를 갖추지 않은 기도(9~14)

3) 그리스도의 위대하심 (1:15~2:3)

이 편지의 핵심이다. 그리스도는 모든 것 중에 모든 것 되신다.

① 신성에서

- 하나님의 형상을 입으심(15)
- 먼저 나신 자(15)
- 충만하심(1:19, 2:9)

② 창조에서(16)

③ 섭리에서(17)

④ 교회에서 머리되심(18)

⑤ 구원에서(20,23)

⑥ 복음의 신비 면에서(24~29)

B. 생활부분 2:4~4장

1) 잘못된 부분과 이단에 대한 경고 (2:4~23)

① 공교한 말(유혹하는 말)(2:4)

② 헛된 철학(2:8)

③ 형식주의(2:16~17)

④ 천사숭배(2:18)

⑤ 기타(2:22~23)

2) 그리스도와의 연합과 그 결과 (3:1~4:6)

부활하신 주님과 연합

① 천국에 대한 관심을 가짐 (3:1~3)

② 생활 전반에서의 거룩한 삶 (3:4~4:6)

3) 골로새 성도들에게 문안 (4:7~18)

빌레몬서

1. 주 제 : 그리스도인의 용서에 대한 실제적인 예

2. 중심말씀 : 믿음의 형제를 영접하라 (1:17~19)

3. 바울의 사적인 통신

빌레몬서는 바울의 쓴 개인서신이지만 소중히 읽혀져 온 편지다. 바울이 많은 개인적인 서신을 보냈을 것으로 추측된다. 그 중에서 빌레몬서는 유일하게 보존되었다. 빌레몬서는 가장 짧은 바울의 서신이지만 보화와 같다.

4. 서신서에 나타난 이야기

빌레몬은 골로새 교회의 아주 중요한 성도였다. 그는 부자였는데 오네시모라는 그의 노예가 돈을 훔쳐 로마에 갔다. 다행히 그는 거기서 바울의 지도를 받았다. 회심하여 사도 바울을 기쁨으로 따르게 되었고 바울을 섬기는 일에 전적으로 헌신하였다.

그러나 그는 법적으로 아직도 빌레몬의 종이었다. 한 편 바울은 오네시모를 주인인 빌레몬도 모르게 계속 자기를 섬기는 자로 둘 수 없었다. 그래서 빌레몬에게 편지를 보내어 오네시모에 대한 사실을 알려 도움을 청하게 되었다.

5. 편지에 나타난 바울의 전략

1) 바울은 로마법에 따라 도망간 노예에게 주어지는 가혹하고 잔인한 벌로부터 오네시모를 보호하기 원했다. 그 방법은 빌레몬이 오네시모를 기쁨으로 받아들이는 것이다. 그래서 편지를 통해 빌레몬에게 오네시모를 추천하여 화해하도록 하였다. 빌레몬의 마음을 상하지 않아야 하는 것이기 때문에 지혜롭게 처리해야 했다.

2) 바울은 사적인 서신을 빌레몬에게 쓰면서 오네시모를 맞이하게 했다. 이 편지는 재치 있고 예의 있는 편지의 모델이다. 편지 내용을 보면 빌레몬이 범죄 용의자를 용서하고 회복시키지 않으면 안 되게 쓰였다. 바울은 골로새 교회의 모든 성도들이 오네시모를 맞이하도록 권면하였다(골 4:9).

6. 편지를 통해

1) 바울의 성품을 알게 된다.

바울이 쓴 공적인 서신서보다 개인적인 서신을 통해 그의 인간적인 모습을 더 배운다. '예의 있는 서신' 인 이 짧은 편지를 보면 바울은 예의 있고 겸손한 사람이며, 사람을 지극히 사랑하고, 깨끗하며, 비 이기적 성품의 사람임을 알 수 있다.

2) 바울의 재치와 지혜로움

① 바울 몇 번이나 자기 역시 갇힌 자라는 것(1,9절)을 언급한다. 이는 바울을 위하는 빌레몬의 온유한 마음을 일깨웠다.

② 바울은 진심에서 우러나는 마음으로 빌레몬의 우수함을 칭찬했다(4~7).

③ 바울은 빌레몬의 마음을 열기까지 오네시모의 이름을 뒤로 미루었다.

④ 바울은 사도적인 권위로 명령하지 않았다. 마음을 나누는 친구에게 하듯 간청하였다(8~10). 오네시모를 아들이라(10)고 말하면서 빌레몬이 청을 받아 줄 것처럼 생각하며(21) 열정적으로 간청하였다.

⑤ 바울은 오네시모가 잘못한 사람임을 알고 있음을 솔직하게 이야기했다(11).
그래서 오네시모가 끼친 손해를 자신이 갚으리라고 약속하였다(18,19).

⑥ 오네시모가 비록 한 때는 무익하였지만(11), 변화된 사람임을 천명하였다(13).

⑦ 그는 조심스럽게 언어를 선택한다. 빌레몬에게 불쾌감을 주지 않기 위해 오네시모가 "도망쳤다", "탈출했다"는 말을 쓰지 않고 "떠났다"고 하였다(15). 단순한 떠남이 아니라 영원한 하나님의 계획임을 간접적으로 나타낸다.

⑧ 거룩한 부담을 주려 '자신이 자유의 몸이 되면 만나게 될 것'을 알렸다(22).

3) 사회개혁에 대한 복음적인 방법

이 서신은 노예에 대한 지위의 회복과 사죄를 호소하고 있다(16~17).

4) 복음적인 계시

죄인은 하나님의 소유다. 오네시모가 빌레몬을 떠나듯이 죄를 지음으로 하나님으로부터 도망쳤다. 바울을 위해 선한 행동이 노예의 신분에서 벗어나게 하지 않는다. 근본적인 용서를 받아야 노예의 굴레에서 벗어난다. 죄인도 율법을 행하므로 속죄가 이뤄지지 않는다. 오직 하나님이 용서해 주서야만 속죄가 이뤄진다.

8. 내용분해

A. 인사 1~3

B. 빌레몬의 훌륭한 성품을 칭찬하다 4~7

C. 오네시모를 위한 중제 8~21

D. 인사말과 결론 22~25

디모데 전서

1. 중심말씀 : 어떻게 행하여야 할 것인가?

2. 요 절 : 3:14~15

3. 디모데

디모데는 헬라(그리스) 아버지와 유대인 어머니에게서 태어났다. 15살 되던 때 바울이 루스드라에 복음을 전할 때 회심하였다(행 14:8 이하, 딤전 1:2). 7년 후 믿음이 성숙해져서 바울과 동행하게 되었다(행 16:1~3). 이 후에 나이 많은 바울과 젊은 디모데 사이에 아름다운 동료애가 시작되어 서로 간에 도움이 되었다(빌 2:19~22).

4. 환경

바울이 로마 감옥에서 첫 번째 자유로워졌을 때(롬 15:24, 몬 22), 바울은 마케도냐와 에베소 등의 지역을 방문했다. 그리 오래 머물지 않았는데, 그 때 디모데를 에베소에 머물러 사역을 하게 했다((딤전 1:3) . 이렇게 헤어지게 된 것은 디모데에게는 큰 시련이었다(딤후 1:4). 이런 디모데에게 용기를 주고 교훈하기 위해 마케도냐 혹은 고린도에서 이 편지를 기록하였다.

5. 특성

디모데 전후서와 디도서를 목회서신 이라고 한다. 이 서신에는 공적인 공동체에 대한 권면이 없고 목회자 개인에 대한 권면이다. 이 서신서들을 기록할 때 바울은 70세 정도였다. 여기서 위대한 복음전도자 바울이 신실한 사역자 디모데와 디도에게 보내는 고별 말씀을 들을 수 있다. 이 속에서 연륜이 쌓인 사역자의 원숙한 지혜를 얻는다. 지금까지 목회서신은 수많은 신실한 사역자들에게 용기와 도움의 원천이 되었다. 한 탁월한 사역자는 매 주 저녁 이 목회 서신서를 읽으면서 영적인 평안을 얻는다고 한다.

6. 독특성 : 목회 서신서에서만 찾을 수 있는 구절

1) "우리 구주 하나님"

이는 구약성경에서 흔히 볼 수 있는 유대적 표현이다. 그러나 신약에서는 누가 1:47과 목회서신에서만 볼 수 있다(딤전 1:1, 2:3, 4:10 딛 1:2, 2:10,13 3:4).

2) 경건(Godliness)

벧전(1:3,6,7 3:11)을 제외하고 딤전 2:2,10 3:16 4:7,8 6:3,5,6,11 딤후 3:5 딛 1:1에 있다.

3) 미쁘다 이 말이여(faithful saying)

딤전 1:15 3:1 4:9~10 딤후 2:11~13 딛 3:8)

4) 무엇을 위한 복음인가? → "영광의 복음"(1:11)

5) 오래 참으심(1:16)

7. 내용 분해

서론 1:1~2

A. 경건한 삶 1장

1) 원리 (1:3~11)

2) 은혜와 본 (1:12~17)

3) 경건에 실패한 자들에 대한 권면 (1:18~20)

B. 경건한 중보기도 2:1~8

C. 경건한 사역자들 2:9~3:16

1) 여성에 대하여 (2:9~15)

2) 감독에 대하여 (3:1~7)

3) 집사에 대하여 (3:8~10)

4) 여성 지도자에 대하여 (3:11~13)

5) 경건의 비밀 (3:14~16)

D. 경건 생활의 의무 4~6장

1) 경건은 거짓 교사를 경계한다. (4:1~5)

2) 경건은 훈련을 통해 온전케 된다. (4:6~16)

3) 경건한 삶은 교회를 바르게 세운다. (5:1~16)

4) 경건한 삶은 교회의 질서를 바르게 세운다. (5:17~24)

5) 경건생활은 사회생활 속에서 실천되어야 한다. (6:1~2)

6) 경건에 관한 교훈 계속 (6:3~10)

결론 : 디모데를 향한 권면 6:11~21

디모데 후서

1. **주 제 :** 박해 속에서 주께 충성하고 배교 속에서 진리에 충성하는 삶을 살라.

2. **중심말씀 :** 담대하라 (1:8~12)

3. **바울의 두 번째 투옥**

디모데에게 첫 번째 편지를 쓴 후 바울은 고린도를 떠났다. 디도와 함께 그레데로 간 후 그 곳에서 디도로 하여금 교회를 바르게 세우도록 한 후 떠났다(딛 1:5). 본국으로 돌아오는 길에 디도에게 편지를 썼다. 겨울을 보내기 위해 니고볼리로 돌아오는 길에 드로비모가 병들므로 밀레도에, 에라스도는 고린도에 머물게 했다(딤후 4:20). 니고볼리에 머물 동안 드로아를 짧은 시간에 다녀오기 위해 갔는데, 거기서(가보의 집) 다시 체포되어 로마로 급히 환송되어 갇혔다(딤후 4:13). 그가 갑자기 체포되었기 때문에 귀한 성경책과 겉옷을 챙기지 못했다.

그의 두 번째 로마 감옥에 갇힌 것은 첫 번째와는 전혀 다른 상황이었다.

1) 첫 번째는 사적인 집에 머물렀지만 두 번째는 폐쇄된 곳에 감금되었다.

2) 첫 번째는 모든 사람들이 출입할 수 있었지만
두 번째는 오네시보로 조차도 겨우 만날 수 있었고 그것도 대단히 위험하였다(1:16~17).

3) 첫 번째는 많은 친구와 동료들의 구심점이었지만

두 번째는 많은 사람들이 떠나고 거의 혼자였다(4:10~12).

4) 첫 번째는 곧 자유롭게 되리라고 희망을 가졌지만

두 번째는 죽음을 예감하고 있었다(4:6).

4. 디모데 후서를 쓴 목적

바울이 네로 앞에 한 번 선 적이 있었다. 그러나 그 재판이 연기되었다(4:16~17). 겨울에 다시 한 번 서게 되리라 예상하고 자유로워진 디모데(히13:23)를 권하여 마가를 데려오고 그가 남겨둔 것을 가져오라고 부탁하였다(4:9,11,13,21). 그러나 겨울 전에 왔는지는 명확하지 않다. 중요한 것은 디모데에게 이단에 대하여 경고하고, 사역에 대하여 열심을 품고 용기와 인내심을 갖게 하려 한 것이다.

5. 편지의 특성

이 서신은 사도 바울에 의해 쓰인 마지막 서신이다. 23번이나 개인적인 언급이 있다. 문체가 비약적이며, 계획이나 방법이 없이 감정적인 면이 강하다. 과거에 대한 회상은 거의 없고 미래에 대한 생각으로 가득하다. 이는 바울이 사랑하는 주님과 같이 심히 외로웠고 다가오는 죽음을 의식하면서 기록한 데서 답을 얻을 수 있다(4:6~7). Durham 경은 "디모데후서를 읽을 때마다 눈에 이슬이 맺힌다"고 하였다. 이 책에서만 디모데의 가족관계(1:5)와 모세의 대적들(3:8)에 대하여 언급하였다.

6. 사랑의 적 4가지

1) 이기심〈자기 사랑〉 (딤후 3:2)

2) 돈 (딤후 3:2, 딤전 6:10)

3) 쾌락 (딤후 3:4)

4) 세상 (딤후 4:10)

7. 짝을 이룬 대적자들

1) 부겔로와 허모게네 (1:15)

2) 후메네오와 빌레도 (2:17)

3) 얀네와 얌브레 (3:8)

7. 내용 분해

A. 고난을 통한 주님께 충성 1장

1) 바울의 인사 (1:1~2)

바울의 기도 (1:3)

바울의 바램 (1:4)

2) 디모데의 족보 (1:5)

3) 복음을 부끄러워 아니해야할 이유 (1:6~14)

4) 좋지 못한 소식 (1:15~18)

B. 사역을 통한 주님께 대한 충성 2장

1) 사역자로서의 그리스도인에 대한 일곱 가지 비유

① 연약함에서 회복한 자 (2:1)

② 충성된 사람 (2:2)

③ 좋은 군사(hardy soldier) (2:3~4)

④ 경기하는 자 (2:5)

⑤ 수고하는 농부 (2:6)

⑥ 큰 집의 그릇 (2:20~22)

⑦ 주의 종 (2:24~26)

2) 사역자가 힘쓸 일 (2:7~15)

C. 배교 중에서도 주님과 진리에 대한 충성 3장~4:5

1) 악한 것에 대한 목록 (3:1~9)

2) 거룩한 성경 (3:10~17)

3) 위험한 시기에 신실한 사역자가 준비해야 할 것 (4:1~5)

섬김의 준비(롬 1:15) 고난 받을 준비(행 21:13) 죽음의 준비(딤후 4:6)가 됨

D. 황폐한 곳에서도 그의 충성스런 종과 함께 하시는 주님 4:6~22

1) 충성된 그리스도인의 삶

① 직무를 다하는 삶 (4:5)

② 최선을 다하는 삶 (4:6~7)

③ 면류관을 바라보는 삶 (4:8)

2) 바울 자신에 대하여

① 외로움 (4:9~12,21)

② 육체의 편안함을 바라며 (4:13,21)

③ 적들로 말미암은 고통 (4:14~15)

④ 법정에 선 바울 그러나 도움이 없는 상황 그리고 받아들임 (4:16)

3) 시험에 대한 바울의 경험과 확신 (4:17~18)

E. 인사 4:19~22

디도서

1. 주 제 : 이상적인 교회와 그리스도인

2. 중심말씀 : 본이 되라 (2:7~8)

3. 저 자

디도서의 저자는 사도 바울이다. 디도는 바울로 말미암아 회심한 사람이다(1:4). 바울이 복음을 전하는 초기에 전도를 받아 회심하였다. 바울과 바나바가 1차 전도 여행을 결산하기 위해 예루살렘에 갈 때 동행하였다. 바울이 회심한 후 17년 되던 해였다(갈 2:1).

디도와 디모데는 여러 가지 면에서 차이가 있다. 디모데는 유대인으로 바울에게 할례를 받았다. 그러나 디도는 순수한 이방인이다. 할례를 받지 않았다(갈 2:3). 바울이 디모데에 대하여는 매우 신경을 썼지만 디도를 향해서는 신경을 쓰지 않는 것으로 보아 디도는 디모데 보다는 나이가 많았고 육체적으로 의지적으로 더 강했음을 알 수 있다.

4. 그레데

그레데인에 대하여 1:12~13에서 부정적인 의미로 말씀하였다. 이곳에 교회가 세워져 있었으므로 자연히 세상의 풍조가 교회에 밀려왔고 교회가 그것을 따름으로 세상화 되었다. 이런 상황에서 바울이 디도를 그레데 섬의 사역자로 두었다. 따라서 각 성에 장로를 세워 교회를 다스리게 하고 나아가서 세상 속에서 빛과 소금의 역할을 감당하게 하였다.

5. 디도서의 특징

1) 기독교의 진리를 나타내는 가장 탁월한 두 가지 표현

① 2:11~14

② 3:4~7

2) 자신을 "하나님의 종(bondman of God)" 이라고 표현한 것 (1:1)

3) 바울은 유일하게 이방 사람의 글을 인용한 신약성경의 저자다.

① 디도서 1:12

② 사도행전 17:28

4) 디도서는 우리에게 참 소망이 무엇인가를 전한다 (2:13).

6. 메시지

1) 하나님이 생각하시는 이상적인 교회 : 질서 있는 교회 조직, 건전한 믿음, 바른 도덕적인 생활, 실제사역에 대한 열정, 박애 정신이 있는 교회

2) 하나님이 생각하시는 이상적인 사역자 : 규모 있는 사랑을 가진 자. 건전하고 활성적인 전통신앙을 소유한 자. 맑은 정신을 가지고 사람을 대하는 태도. 잘 표현하는 설교를 하는 자.

7. 내용 분해

A. 강조점 - 질서 : 건전한 질서가 있는 교회 1장(1:5)

1) 바울의 사랑과 중요한 인사 (1:1~4)

비교 : 영생이 있는 자(1:2)와 영생이 없는 자의 생활(1:12)

2) 디도를 그레데에 둔 이유 (1:5)

3) 장로의 자격 (1:6~9)

4) 제 맘대로 행하는 그레데 인의 특성 (1:10~16)

B. 강조점 – 교리 : 건강한 교리가 있는 교회 2장(2:1~2, 7, 10)

1) 디도를 향한 메시지 (2:1, 7, 8, 15)

2) 나이 든 사람 (2:2~3)

3) 젊은이 (2:4~6)

4) 종 (2:9~10)

5) 복음에 대한 과거, 현재와 미래 (2:11~14)

C. 강조점 – 사역 : 건강한 활동이 있는 교회 3장(3:1, 8, 14)

1) 시민으로서의 활동 (3:1)

2) 실제적인 경건 (3:2~3)

3) 변화된 그리스도인을 이끄시는 방향 (3:4~8)

4) 피해야 할 것 (3:9)

5) 피해야 할 사람들 (3:10~11)

• 결론 3:12~15

히브리서

1. 주 제 : 주님의 영광스러운 사역 — 연약함과 퇴보에 대한 치유

2. 중심말씀 : 위대하신 예수 그리스도 (1:4~10)

3. 저 자

이 서신은 AD 64년 아직 성전이 파괴되지 않았을 때 기록된 것으로, 저자가 분명하지 않다. 역사가 유세비우스는 "알렉산드리아의 팬타누스(2세기)는 저자가 바울이라고 하고, 카르타고의 터툴리안(3세기)은 바나바라고 한다"고 했다. 루터는 아볼로라고 하며, 켐펠 몰간 박사는 바울의 생각을 누가가 기록하였다고 했고, 스코필드 박사는 이 서신에서 바울의 회당설교가 있다고 했다.

4. 목 적

직접적으로는 로마에 있는 히브리 신자들에게 보낸 서신이다. 간접적으로는 모든 흩어져 있는 유대인 신자들에게 보낸 것이다. 당시 로마의 성도들은 네로 황제의 핍박으로 대단히 큰 위협을 느끼고 있었다. 그 중에 유대인으로 그리스도인이 된 성도들은 저들이 그리스도를 받아들인 것 때문에 '제단과 제사장'을 잃었다고 생각하였다. 사실은 잃은 것이 아니라 완성된 성전이신 예수 그리스도를 얻었는데, 외적인 성전과 제사장만 생각하다가 완전한 성전이시고 영원한 대제사장이신 더 위대

하신 그리스도를 얻은 것을 과소평가하였다. 이로 말미암아 영적인 침체에 빠져 낙심하였다. 이런 상황을 바로잡으려고 유대인 그리스도인들에게 이 편지를 보내게 되었다.

5. 노 련 함

낙심과 절망감에 사로잡힌 크리스천들을 다루는 작가의 노련함이 있다.

1) 먼저 그는 그들의 마음에 하나님의 영광과 예수님의 위대한 사역을 일깨웠다.
2) 잃은 것 보다 얻은 것을 보여준다. ('we have' 4:14, 6:19, 8:1, 10:34, 13:10,14) 나아가 유대교에 비해 비교할 수 없는 기독교의 우월성을 보여준다.
3) 그는 아직 다른 사람들에 비해 고난을 받지 않았다고 하였다. 로마서가 그리스도의 필요성을 증명한다면 히브리서는 그리스도의 탁월성을 증명하는 것이 목적이다. 옛 것을 경멸하는 것이 아니라 옛 것을 충족시키는 새것을 보여준다. 그들의 유대교도 좋은 것이었지만 그에 비해 기독교는 모든 면에서 더 훌륭하다는 것을 보여주었다. 그래서 히브리서를 다섯 번째 복음이라고도 한다. 다른 넷은 땅에 오신 그리스도에 대하여 말하지만 히브리서는 하늘의 것을 말하고 있다.

6. 의미 깊이 쓰인 단어

1) 온전한(perfect) – 2:10, 5:9.14(장성한), 7:11,19,28 9:9,11 10:14, 11:40, 12:2
2) 하늘(heaven) – 1:10, 3:1, 4:14, 6:4, 7:26, 8:1.5, 9:23,24, 11;16,

12:22,23,25,26

3) 영원함(eternal) – 1:8, 5:6,9, 6:20, 7:17,21,24,28, 9:12,14,15, 13:8,20

4) 앉으심(sat down) – 1:3, 8:1, 10:12, 12:2

5) 단번에(once) – 7:27, 9:12.26.27.28, 10:2.10

6) 더 나은(better) – 1:4, 6:9, 7:7,19,22, 8:6, 9:23, 10:34, 11:4,35,40, 12:24

7. 내용분해

A. 그리스도의 위대하심 1~10장

1) 선지자보다 위대하신 그리스도 (1:1~3)

유대인들이 말하는 선자자들이 위대하다. 그러나 그리스도는 더 위대하다. 왜냐하면 선지자들의 말은 불완전하지만 그리스도는 하나님의 최후의 완전한 말씀이고 선지자들의 예언을 완전하고 영원하도록 이루신 분이기 때문이다. 3절의 "앉으셨다"는 말은 히브리인들이 완전하게 마쳤다는 것을 뜻하는 특징적인 언급 중의 하나다.

2) 천사보다 위대하신 그리스도 (1:4~2:18)

천사도 위대하지만 그리스도는 더 위대하다. 천사는 종으로 부리는 영이지만 그리스도는 하나님의 아들이시다. 하나님이 천사들에 대하여는 말씀하지 않으셨지만 하나님의 면류관인 아들에 관하여는 계속 말씀하셨다.

- 그리스도의 고난과 성육신 (2:5~18)

3) 모세보다 위대하신 그리스도 (3장)

모세보다 더 위대한 것은 모세는 사환이지만 그리스도는 아들이시기 때문이다.

4) 여호수아보다 위대하신 그리스도 – 안식 (4:1~13)

여호수아도 위대하다. 그러나 그는 완전한 안식에 들어가는 일에 실패했다. 그러나 그리스도는 영원하고 참된 안식에 들어가게 하신 분이시다. 이 일을 위해 살아 운동력이 있는 말씀으로 역사하셔서 모든 것을 아시고 지혜롭게 인도하신다.

5) 대제사장(아론) 보다 더 위대하신 그리스도 (4:14~10:18)

① 아론의 반차를 좇은 제사장은 죄가 있다. 그리스도는 죄가 없다 (4:15).

② 멜기세덱의 반차를 좇으신 분이다(5:6, 6:20).

③ 아론의 제사장 보다 더 비교할 수 없이 높은 분이다 (7:4.7).

④ 아론은 죽었지만 그리스도는 영원한 대제사장이다 (7:16~17).

⑤ 아론은 그림자이지만 그리스도는 실체시다 (8:5).

⑥ 더 나은 언약의 중보자 되신다 (8:6~13).

⑦ 더 나은 희생을 드리심 (9,10장).

B. 보다 위대하신 그리스도를 믿는 믿음 11~13장

1) 믿음의 본질 (11:1~3)

2) 믿음으로 산 사람들 (11:4~40)

3) 믿음의 본을 보이신 그리스도 (12:1~13)

4) 믿음의 본이 되지 못한 사람들 (12:14~29)

5) 기타 권면 (13:1~17)

결론 13:18~25

야고보서

1. 주 제 : 믿음은 행함으로 나타난다.

2. 중심말씀 : 믿음(12회), 행함(13회) (1:26)

3. 저자 : 주의 형제 야고보, 야고보는 신약성경에 세 사람이 나온다.
① 세베대의 아들 ② 알패오의 아들 ③ 예수님의 형제(야고보서의 저자)
야고보는 초기 예수님의 사역 시에 주님의 반대편에 있었다. 그러나 부활하신 주님과 특별하고도 개인적인 만남을 통해 회심하였다(고전 15:7). 그 후 그는 "낙타의 무릎을 가진 사람"이란 별명을 가진 기도의 사람이 되었다. 그리고 예루살렘 교회의 지도자가 되었다(행 15:13~21, 갈 2:9). AD 62년 유대인들에 의해 살해된 순교자다.

4. 기록연대 : 야고보서는 신약성경의 서신서 중에서 가장 먼저 쓰였다. 대강 AD 43~53년경이다. 이는 야고보서의 내용을 설명하는 데 아주 중요하다. 많은 사람들이 '야고보서는 바울 서신이 로마서 같은 데서 주장하는 믿음으로 의롭게 된다는 것과 겨루기 위해 썼다' 고 상상한다. 그러나 야고보서의 연대가 AD 43~53년인 것은 로마서 보다 먼저 쓰였다는 것을 의미한다.

5. 문 체 : 한 유대인이(야고보) 유대 그리스도인들에게 보낸 편지다. 문체와 영적인 면에서 뚜렷이 유대적인 내용이 있다. 이 서신서를 이

해하는 열쇠는 야고보의 성품이다. 그는 구약 성경에 나오는 선지자들과 같이 엄격하고 군건한 사람이다. 그의 스타일은 무뚝뚝하고 담대하며 신속하였다. 그는 은유적인 표현을 하는 데 훌륭한 면이 있다(1:6,10,17,18,21,23 5:5).

6. 목 적

1) 유대 그리스도인들은 심각한 시련과 시험을 통과하고 있었다. 그래서 그는 그들을 위로하고 용기를 주기 위해 이 서신을 기록하였다.
2) 초기 무질서한 유대 기독교 모임을 바로잡기 위해 야고보서를 기록하였다.
3) 믿음과 행함을 분리시키는 경향이 있었다. 루터는 '(행함만을 강조하므로) 복음적인 특성이 전혀 없는 아주 보잘 것 없는 서신' 이라고 하였다. 고전 3:12이 이에 대한 말씀이라고도 한다. 그러나 믿음과 행함이 하나가 되어 최고의 위대한 교리가 된다. 야고보서는 바울 서신과 상호보완적이다. 누구든지 믿음으로 의롭게 된 사람이라는 증거는 그의 행함 속에서 나타난다.

7. 내 용

1) 여기엔 교리가 없고 실행과 윤리에 대하여 많이 기록하였다. 야고보서는 실행하는 데 전적인 관점을 둔다. 그는 그가 설교한 것을 따라 생활하였다. 이 책은 거룩한 생활의 책이다.
2) 핵심 구절 : '2:26' 이는 믿음을 실행하는 것에 관점을 둔 논문이다. 잠언 같이 단편적이고 관계가 없는 듯이 보이나 자세히 보면 아름다운 질서를 발견하게 된다.

8. 내용분해

A. 인사 1:1

다른 서신서와 같이 예수님과의 관계에 대한 언급이 거의 없다. 야고보서 전체에 예수님에 대하여 두 번 언급한다(1:1, 2:1).

B. 믿음은 시험에 의해 그 정도가 나타난다. 1:2~21

1) 시험을 겪는다는 것은 믿음을 증명하는 영광스러운 기회이다. (1:2~4)

2) 시련 중에 지혜롭게 행하기 위해 지혜가 필요할 때 하나님께 구하라. (1:5~11)

3) 시험을 회피하지 않고 극복하는 자는 복이 있다. (1:12)

4) 악을 향한 시험은 하나님께로부터 온 것이 아니다. (1:13~18)

5) 시험 중에 있을 때에는 말하기를 더디하라. (1:19~21)

C. 믿음은 행함에 의해 그 정도가 나타난다. 1:22~2:26

1) 속지 말라.

① 하나님에 대해 (1:16)

② 자신에 대해 (1:22)

③ 경건생활 (1:26)

2) 인격적인 인간관계 (2:1~13)

3) 살아 있는 믿음은 항상 그 열매로 알게 된다. (2:14~26)

D. 믿음은 언어생활에 의해 나타난다. 3장

우리가 믿음으로 의롭게 된 사람이라는 것을 증명하는 한 가지는 우리의 언어생활이다. 같은 입술을 통해 "찬양과 저주"가 나올 수 있기 때문이다. 우리가 어떤 언어를 사용하느냐 하는 것은 곧 그 사람이 가진 의로운 인격에 대한 측량자와 같다. 그래서 다윗은 입술에 파수꾼을 세워달라고 하였다 (시141:3).

E. 믿음은 세상을 닮지 않는 삶에서 나타난다. 4장

1) 세상 정욕을 버리는 삶 (4:1~5)

2) 겸손히 하나님께 순복하고 마귀를 대적하는 삶 (4:6~10)

3) 비판하지 않는 삶 (4:11~12)

4) 인간의 존재를 아는 삶 (4:13~17)

F. 믿음은 최악의 상황에서 인내하므로 나타난다. 5:1~12

겸손한 많은 유대 기독교인들은 물질의 압박을 받았고 수입을 빼앗기기도 하였다. 그러나 믿음은 다시 오실 그리스도 안에서 우리가 피할 수 없는 악한 상황을 인내하게 한다.

G. 믿음은 우리의 믿음과 효과적인 기도에 의해 나타난다. 5:13~20

1) 기도의 사람이다.

2) 그는 실행한 것을 전했다.

3) 갑작스럽게 끝맺는다.

베드로 전서

1. **주 제 :** 그리스도인과 고난

• 어떻게 고난을 인내하고 즐거워하며 하나님께 영광을 돌리는가?

2. **중심말씀 :** 4:1

3. **저 자**

1) 이 서신은 베드로가 그의 생의 말년이 이르렀을 때인 AD 60년경에 바벨론에 머물러 있을 때 썼다(5:13). 이 바벨론은 두 가지로 해석한다. 하나는 지리적인 면에서 바벨론이고 또 하나는 영적인 우상과 타락함으로 가득한 로마이다. 내용상 로마일 가능성이 많다. 이 서신을 동역자인 실라를 통해 보냈다(5:12). 그 때 바울은 옥에 갇혔고 실라는 자유로웠다.

2) 이 서신은 히브리 성도들에게 보낸 것이다(유대인 1:1 이방인 2:9,10)

4. **목 적**

이 편지는 분명한 두 가지 목적을 가지고 쓰였다.

1) 많은 초기의 그리스도인들이 바울과 베드로가 기본이 되는 기독교 신앙에 있어서 서로 다른 관점을 가지고 있다고 생각했다. 베드로가 편지를 써서 바울의 동료였던 실라(행 15:40) 편에 아시아에서 바울에 의해 세워진 교회에 보낸 것은 이런 잘못을 바

로잡기 위해서였다.

2) 극심한 시험과 박해를 통과한 회심한 유대인들에게 힘과 용기를 주기 위함이다. 이것은 우리 주님이 그에게 시행하라고 명하신 사역을 행하는 것이었다(눅 22:31~32).

5. 베드로의 변형

복음서에서 베드로의 모습과 그가 쓴 글은 놀랍게도 다르다. 먼저, 베드로가 주님이 변형되심을 보았다. 다음은, 베드로가 하나님의 풍성한 은혜로 변형되었음을 보게 된다. 이제는 조용하고 인내하며 믿음직한 사람으로 변했다.

6. 특 징

1) 'precious(보배로운)' 이란 말은 베드로가 좋아하는 말이다. 7회나 썼다.(1:7,19 2:4,6,7 3:4(값진) 벧후 1:1,4)

2) 바울은 믿음의 사도, 요한은 사랑의 사도라 부르고 베드로는 소망(hope)의 사도라 부른다. 그만큼 소망에 관하여 많이 말씀한다(1:3,13,21 3:15).

3) 기독교의 기본진리에 대하여 언급한다.
선택을 위한 삼위 일체 하나님의 역할에 대하여 말씀한다(1:2).
미리 아심(1:20), 그리스도의 대신 죽으심(1:2,18,19 2:21,24 3:18 4:1)

4) 핵심 단어는 "고난" 이다. 고난과 이에 해당되는 뜻을 가진 말이 이 짧은 편지에 21회나 기록되었다. 모든 장마다 그리스도의 고난에 대하여 기록하였다. 반면에 놀랍게도 베드로 후서에서는 한 번도 기록하지 않았다.

7. 내용분해

A. 고난 속에서도 즐거워 할 수 있는 것은?

구원 : 1:1~13 (요절 1:7)

1) 베드로(반석)는 예수님이 주신 이름이다. (막 3:16)

2) 은혜로 얻은 영광스러운 구원은 우리로 하여금 고난 중에서도 말할 수 없는 기쁨과 즐거움을 갖게 한다.

3) 큰 소망 (13)

B. 고난을 통해 하나님께 영광 돌릴 수 있는 것?

거룩 : 1:14-3:22 (요절 2:12)

1) 거룩한 마음과 생활에 대하여 기록하였다.

2) 시민, 종, 아내, 남편으로서의 거룩한 자세를 지키라.

C. 고난 중에 우리가 가질 수 있는 것?

교제 : 4장 (요절 4:13)

1) 이상히 여겨져야 할 것(4:4)과 이상히 여기지 말아야 할 것 (4:12)

2) 우리가 고난 중에 주님과 복된 교제를 나눌 수 있다.

3) 다른 사람의 죄를 합법적으로 덮어줄 수 있는 길 (8절)

D. 고난 중에서도 잊지 말아야 할 것?

영광 : 5:1~4 (요절 5:1)

1) 슬픔과 시련 중에 위로의 복을 받는 사람은 미래가 영광스런 사람이다.

2) 짧은 단원이지만 따라가야 할 영광으로 가득하다.

3) 겸손으로 옷을 입고(5절)는 문자적으로는 "종의 앞치마와 같이 겸손을 입으라"는 뜻이다.

E. 고난에 대하여 기억해야 할 것?

모든 사람에게 있다는 것 5:5~14 (요절 5:9~10)

1) 우리와 같이 고난 받는 사람이 없다고 생각하지 말라. (9)

2) 사실 고난과 슬픔은 누구나 다 경험하는 것이다.

3) 그러므로 고난 중에서도 겸손하기를 강조한다. (6절)

베드로 후서

1. 주 제 : 타락한 시대 속의 그리스도인

• 타락과 배교의 시대에 어떻게 신앙의 순수함과 충성을 지키는가?

2. 중심말씀 : 1:3~4

3. 저 자 : 베드로 (1:1, 1:18, 3:1,2)

4. 내 용

1) 베드로가 나이 들어서 기록한 것 (1:14)

2) 변화산상에서의 경험을 기록함 (1:17~18)

3) 기독교의 은혜를 설명하는 데 탁월한 면이 있다. (1:5~8)

4) 마지막 날에 대한 설명 (3:4~11)

5) 바울의 편지를 칭찬함 (3:16)

5. 요 절

자주 언급되는 4가지 단어가 있다.

1) 하나님에 대하여 아는 지식의 가치의 귀중성(1:2,3,5,8, 2:20, 3:18).

2) 힘쓰라(1:5,10, 3:14)

3) 생각하라(1:12,13,15, 3:1,2)

4) 타락과 오염에 대하여 (1:4, 2:12, 19,20)

6. 목 적

베드로 후서는 베드로 전서와는 다른 목적으로 쓰였다. 베드로 전서는 시련과 박해 속에 있는 성도들에게 용기를 주고 도와주기 위해 썼다. 그러나 베드로 후서는 거짓 교사들과 그들의 부패성과 부패한 교리를 경고하고 대응하기 위해 썼다. 이것이 왜 주의 고난이 한 번도 언급되지 않았는지에 대한 이유이기도 하다.

베드로 전서는 만난 대적으로 말미암아 상하고 터진 성도들을 위로하기 위하여 기록하였다. 그래서 고난에 대하여 계속 언급하였다. 그러나 후서는 다가오는 어둠의 세력에 대하여 경고하기 위하여 기록하였다. 그래서 거짓에 대하여 계속 언급하였다. 그러므로 1:19에 진리의 등불의 필요성에 대하여 언급하였다.

7. 내용 분해

A. 어떻게 도덕적 타락을 치유하는가? 1:1~14

치유 : 하나님을 앎으로(2,3,8,12)

1) 보배로운 믿음을 갖는 것 (1)

2) 은혜와 평강을 얻는 것 (2)

3) 생명과 경건에 속한 것을 얻는 것 (3)

4) 신의 성품에 참여하는 것 (4)

5) 영적인 부족함이 없게 하는 것 (5~9)

6) 실족하지 않는 것 (10)

7) 넉넉히 들어감을 얻는 것 (11)

B. 어떻게 교리적 타락을 치유하는가? 1:15~2:22

치유 : 성경을 앎으로(1:19)

1) 기독교 신앙은 공교한 것이 아니라는 것을 알아야 함 (1:16)

2) 성경은 하나님이 주신 것 (1:17~21)

3) 거짓 선지자를 알아야 함 (2:1~3)

4) 하나님의 심판 (2:4~11)

5) 거짓 교리가 거짓된 행동을 낳는다. (2:12~22)

C. 어떻게 타락한 시대에서 확실한 믿음을 갖는가? 3장

치유 : 항상 기억하므로(3:1~2,8)

1) 순수한 마음이라도 일깨워야 한다. (1)

- 일부러 잊으려는 무리가 있다. (5)

2) 거짓 교훈의 열매는 진리를 거역한다. (3~9)

3) 재림의 분명함. (10)

4) 주의 오심에 대한 믿음의 열매는 거룩한 마음과 생활이다. (11~17)

5) 영적 성장의 중요성 (18)

요한 1서

1. 주 제 : 하나님과 교제의 삶 – 기쁨, 승리, 안전과 확실함

2. 중심말씀 : 교제 (1:3~7)

3. 저 자

이 서신은 나이 든 사도 요한이 AD 90년경에 기록하였으며 장소는 에베소로 추정된다. 에베소 교회는 사도 요한이 사역한 교회였다. 어느 특정한 교회나 사람들에게 보낸 것이 아니고 모든 그리스도인들에게 보낸 편지다(2:12~14).

4. 목 적

1) 기독교 교회가 세워진 지 얼마지 않아 잘못된 교훈이 스며들었다. 원래 하나님을 믿었던 유대 사람들에게서 일어나는 유대 주의적 신앙과 이방인으로부터 회심한 사람들이 그들의 전에 믿었던 신앙구조와 같은 기독교 신앙이 세워지기를 원하는 신앙이었다. 그 중에 특별히 심각한 것은 영지주의였다. 이것으로 이단과 배교에 이르게 되었다. 이 이단은 예수의 신성을 받아들였지만 인성을 부인하였다. (요일 1:1~2, 4:1~3).

그들은 스스로 아는 자들이라고 하며(gnostics) 그들만이 진리의 지식을 가진 자처럼 높였다. 그리고 사도들로부터 전해진 신앙을 가진 자들을 마치 낡은 것처럼 여기고 그 신앙을 따르는 자들을 불쌍히 여기며 비난하였다.

2) 요한이 이단을 염두에 두고 이 서신을 기록했다는 것을 나타내는 성경구절.

① 1:1~2 – 그리스도의 인성은 그들이 분명히 듣고 보고 만졌던 분이심을 선언

② 4:2~3 – 그리스도의 인성을 부인하는 자들을 공공연히 비난하였다.

③ 그는 영지주의자들이 지식을 독차지하지 않았다는 것을 강조하였다. 정통 신앙을 가진 크리스천은 영지주의자들과 같이 명상이나 계시로 말미암지 않고 예수 그리스도로 말미암아 받은 지식을 가졌다(1:5, 2:20,27). 안다는 뜻을 가진 단어가 이 서신서에서 32번이나 있다.

5. 연구 대상이 되는 단어

1) 사랑

① 하나님의 사랑이 누구에게 임했는가? (4:9~10)

② 그 사랑이 나타나 행하신 것은? (3:1)

③ 왜 우리가 서로 사랑해야 하는가? (4:11, 3:11,23)

④ 우리가 사랑하므로 증거 하는 것은? (3:14)

⑤ 하나님의 자녀와 마귀의 자녀의 차이는? (3:10)

⑥ 왜 우리가 하나님을 사랑하는가? (4:19)

⑦ 세상을 사랑하므로 증거 하는 것은? (2:15)

⑧ 하나님의 사랑이 온전케 된 자는? (2:5)

⑨ 온전한 사랑의 결과는? (4:18)

⑩ 가장 위대한 것은 하나님이 빛이실 뿐 아니라(1:5) 사랑이시라는 것(4:16)

2) 죄

① 우주적인 죄 〈모든 사람이 죄를 지었음〉 (1:8,10)

② 죄의 두 가지 정의 (3:4, 5:17)

③ 왜 주님이 오셨는가? (2:2, 3:5, 4:10)

④ 죄가 깨끗케 하는 것 (1:7)

⑤ 고백하는 자에게 주시는 은총 (1:9)

⑥ 우리의 죄가 사함 받았음을 알아야 한다. (2:12)

⑦ 누구도 계속 죄에 거하기를 원치 않으심 (2:1, 3:8~9)

⑧ 죄를 극복하는 비결은? (3:6, 5:18)

3) 하나님께로서 난 자 - 새롭게 태어남

① 계속 죄에 거하지 않는다. (3:9)

② 사랑한다. (4:7)

③ 믿는다. (5:1)

④ 극복한다. (5:4)

⑤ 하나님이 지킨다. (5:18)

⑥ 거룩한 삶을 산다. (2:29)

6. 내용 분해

A. 교제의 삶은 기쁨의 삶이다. 1장 (요절 1:4)

1) 성도는 용서함을 받은 기쁨이 있다. 그러나 충만한 기쁨은 아니다.

2) 충만한 기쁨은 삼위 하나님과 믿음의 성도들과의 교제에서 일어난다.

3) 복된 교제는 "빛에 거하고, 죄를 고백하며, 죄의 사함을 받고,

죄를 멀리 하므로"

B. 교제의 삶은 승리의 삶이다. 2:1~17

1) 교제는 승리를 의미한다. (2:1)

2) 한량없는 속죄를 이루신 하나님 (2:2)

3) 하나님과의 교제는 • 하나님께 순종하는 것 (3~6)

• 형제를 사랑하는 것 (7~11)

• 세상을 사랑치 않는 것 (15~17)

C. 교제의 삶은 보호받는 삶이다. 2:18~4:6

1) 이단은 이미 활동을 시작하였다. (2:18~19)

2) 믿는 자는 거룩한 기름부음을 받음으로 안전히 보호받는다. (2:20~27)

3) 영지주의자들은 위대한 것을 말하지만 행동은 형편없다. (3:11~24)

4) 왜 세상이 우리를 미워하는가? (3:1)

5) 거짓 교사들의 표시 (4:1~6)

D. 교제의 삶은 사랑하는 삶이다. 4:7~5:21

1) 그리스도인은 마땅히 사랑하며 살아야 한다. (4:7~5:5)

2) 하나님의 말씀과 영의 증거를 받은 지식 (5:6~12)

3) 생명을 받아 생명을 전하는 삶이다. (5:13~21)

※ 안다는 뜻을 가진 단어

(2:3,5,13,14,20,21,29, 3:2,5,14,15,19,24, 4:2,6,13,16, 5:2,13,15,18,19,20)

요한 2서

1. **주 제 :** 사랑은 진리를 통해 성결하고 진리는 사랑으로 아름다워 진다.

2. **중심말씀 :** 사랑과 진리 (1:1~11)

3. **저 자**

1) 이름이 구체적으로 언급되지 않아 이 서신의 저자에 혼선이 있다.

2) 그러나 사도 요한이 기록하였음이 분명하다. 13절중에 8절이 내용과 감각적인 표현방법이 요한 1서이 것과 매우 유사하다. 요한이 나이 매우 늙어(90세 이상) 기록하였는데, 스스로를 "장로"라고 하였다. 당대에는 "장로"라는 표현만으로도 이 서신을 기록한 사람이 누구인지를 알 수 있었기 때문이다.

4. **특 성**

1) 이 서신은 신약성경 중에 특별히 한 여성도에게 보낸 것으로 유명하다.

2) 이는 알려지지 않은 한 크리스천 여성도와 그 가족에게 보낸 사적이고 개인적인 서신이다. 이는 초기 기독교회에서 사도들이 개인적으로 편지를 주고받았음을 의미한다.

3) 이 여인이 누구인지는 모른다. "택하심을 입은 부녀와 그의 자녀"라는 말은 일반적인 여성과 가정이 아니라 훌륭하게 섬기며 사회

적으로도 명망이 있었던 여인임을 의미한다. 전통에 의하면 베다니의 마르다라고 한다. Bengel은 "부녀"라는 말의 헬라어가 히브리어의 "마르다"라고 하였다. 그렇다면 13절에 언급한 "네 자매"는 마리아일 것이다.

5. 목 적

1) 이 짧은 서신에 '사랑' 이란 말이 4회 기록되었다(1,3,5,6절).
   '진리' 란 말은 5회 기록되었다(1,2,3,4)
2) 자비심이 많은 여성들이 거짓 선지자들을 환대하는 것을 경고하려 썼다(10).

6. 내용 분해

A. 진리 안에 있는 사랑 1~2절

1) 이 여인이 사도의 사랑을 받고 있는데 이는 진리 안에 있었기 때문이다.
   사랑의 근원이 진리이고, 사랑의 이유도 진리이다.
2) 사도 요한 뿐 아니라 그녀와 가족을 알고 있는 모든 사람이 사랑했다.

B. 진리 안에서의 인사 3절

1) 세 가지 은총 : 은혜(grace)와 긍휼(mercy)과 평강(peace)
2) 세 가지 은총이 우리에게 함께 하시는 매개체 : 진리와 사랑

C. 진리 안에서 행하심 4~6절

1) 진리는 행하므로 기쁨이 된다 (4).

2) 진리를 행하는 중심이 사랑이다 (5).

3) 사랑은 말씀에 순종하는 것이다 (6).

D. 진리와 사랑을 시험하는 것 7~9절

1) 그리스도의 인성을 부인하는 것 (7)

- 그의 육체로 임하심을 부인함
- 재림을 부인함

2) 온전한 상을 얻으라 (8)

E. 진리를 보호함 10~13절

1) 거짓된 인간의 정을 경계하라 (10~11).

2) 거짓 선생들을 위로하거나 그들에게서 행운을 빌지 말라.

3) 애정의 마음으로 끝맺다 (12~13)

요한 3서

1. **주 제 :** 교회에서 칭찬 받는 자와 책망 받는 자

2. **중심말씀 :** 진리 안에 있는 자 (1:1~3)

3. **수 신 자**

1) 이 편지는 사도 요한이 참으로 사랑하는 가이오에게 보낸 것이다(1).

2) 가이오라는 이름을 가진 사람이 성경에 5명 있다.

- 마게도니아의 가이오(행 19:29)
- 더베의 가이오(행 20:4)
- 바울이 세례를 베푼 가이오(고전 1:14)
- 바울이 머문 집(롬 16:23)
- 지금 편지를 쓰는 가이오 (마지막 세 사람은 동일 인물로 여겨짐)

3) 연결시키면 가이오는 사도 요한에 의해 회심하여(4절) 바울에게 세례를 받았고 고린도 교회의 성도로 부유한 자이며 친절한 사람이었다.

4. **목 적**

1) 많은 초대 교회 성도들은 순회하는 전도자 생활을 하였다. 삯이나 세상적인 보상을 받지 않았다 (7). 그러므로 그들은 지나가

는 각 도시나 촌이나 마을에 정착해 있는 성도들의 친절한 영접에 의지하였다.

2) 디오드레베라는 사람은 이 교회에서 지도자적인 위치에 있었는데, 권위적이고 독제적인 태도를 지닌 사람이었다. 그는 이런 전도자들을 용납하지 않았을 뿐 아니라 그들의 사역도 받아들이지 않았다. 또한 전도자들을 영접한 교회의 친절한 성도들을 내어좇았다 (10). 요한이 이런 일을 지적하였을 때 받아들이지 않았고 사도 요한의 사도성도 인정하지 않았다 (9).

3) 나이 든 사도 요한은 지금 관대하고 따스한 마음을 가진 가이오에게 편지하였다. 지난 날 보여준 친절을 칭찬하면서, 디오드레베의 완악함에도 불구하고 주의 종들을 영접하는 하나님이 기뻐하시는 사역을 계속할 것을 권하였다 (5,6,8). 다음 방문 때 이 횡포자를 단호하게 처리할 것을 약속하였다 (10).

5. 비 교

이 짧은 서신에 세 사람의 이름이 등장한다.

1) 가이오 : 친절하고 관대하며 나그네를 후하게 영접한 사람

2) 디오드레베 : 교회의 거만한 직분자

3) 데메드리오 : 모든 사람들이 칭찬하는 사람

6. 공 헌

이 서신은 중요한 교리에 대한 언급은 없다. 그러나 교회에서 거만하고, 권위적이며 독재적인 지도자가 일어남에 대하여 보여주고 있다. 현재의 교회와 같이 과거에도 이런 독초가 있었음을 의미한다. 사도의 권위라 할지라도 무시당했다.

7. 진 리

1) 진리는 사랑의 근원과 성격을 나타낸다(1).

2) 진리는 내재하는 것이고 힘이다(3).

3) 진리는 협력하는 동기가 된다(8).

8. 내용 분해

A. 사도의 사랑 1절

1) 사도의 강력한 애정 표현

2) 그의 사랑은 진리에 뿌리를 둔 신실한 사랑이었다.

B. 사도의 기도 2절

1) 단순한 바램이 아니니다. 기도다.

2) 가이오가 몸이 약하여 병으로 고생하고 있지 않은가?

3) 그의 마음은 아름다웠다.

4) 가장 중요한 세 가지 은총이다.

C. 사도의 즐거움 3~4절

1) 진리는 가이오에게 내재하는 힘이고, 걷는 길이며 숨 쉬는 공기였다.

2) 사도 요한이 진정 기뻐하는 것이 무엇인가를 밝혔다.

D. 사도의 권면 5~8절

1) 칭찬을 끝내고 권면을 시작한다는 것이 어렵다.

2) 더 중요한 것은 칭찬과 권면을 분별하여 받아들일 줄 안 가이오

의 인격이다.

E. 사도의 공개적인 규탄

1) 요한이 보낸 편지가 없어졌다(전달되지 않았다).

2) 디오드레베는 앞에서는 사랑하는 척 하였다. 그러면서 사도 요한의 편지를 없애버렸다. 그리고 뒤에서는 사도 요한을 비난하였다.

F. 사도의 칭찬 12절

1) 이 데메드리오가 사도행전 19:24과 같은 인물이라면 그의 변화를 주목해야 한다.

2) 그는 모든 사람들, 진리, 사도와 모든 다른 성도들의 선한 증거를 받았다.

G. 사도의 끝 인사 13~15절

1) 사도 요한은 왜 자신이 이와 같은 짧은 편지를 쓰게 되었는지를 설명한다.

2) 사도 요한은 우정을 큰 가치로 여겼다.

유다서

1. 주 제

1) 배교로부터 우리의 신앙을 지키고

2) 영적 혼란으로부터 하나님을 신뢰하는 마음을 지키는 것

2. 중심말씀 : 지켜라(1, 6, 21, 24) (1:1~2)

3. 저 자

1) 저자 유다는 예수님의 형제로 막내였다 (마 13:55).

2) 예수님의 형제 야고보(야고보서의 저자)와 마찬가지로 사도가 아니지만 지도자의 위치에 있었다. 그는 단순하지만 불같은 영성을 소유하였고 선지자적인 열정을 가졌다. 검소한 생활 배후에 따뜻하고 사랑이 풍성한 마음을 가졌다 3,17,20).

4. 수 신 자

1) AD 69년경에 기록되었으며 베드로 후서를 언급하고 있는 것으로 보아 최소 66년 이후에 기록되었다. 그의 형제 야고보는 이 편지를 쓰기 몇 년 전에 순교 당했다

2) 이는 특정 교회나 사람들에게 보낸 것이 아니라 모든 그리스도인들에게 보낸 편지다. 그래서 이 서신은 "일반적인 서신" 이라고 불린다.

5. 기록목적

1) 3절부터 보면 구원에 관한 문제를 이야기하기 위해 기록하려 시작했지만 더 적극적인 삶(믿음의 도)에 대하여 권면하기 위해 기록하였다. 왜냐하면 초대 교회가 이미 교회내의 반역하는 무리들을 통해 무서운 위험에 직면하였기 때문이다. 많은 무리가 교회에 적을 두고 있으면서 신앙을 고의적으로 반대하였다. 이들을 경고하고 신앙을 지키기 위해 기록하였다.

2) 유다서는 성경 중에서 가장 엄숙한 성경 중에 하나다. 유다서는 배교가 생기기 이전부터 이후까지 역사를 알려준다. 타락한 천사, 가인과 멸망한 소돔, 탐욕의 발람과 고라 그리고 그의 시대와 우리의 시대에 일어나는 배교에 대하여 말씀한다.

7. 특이한 기록

1) 모세의 시체에 대한 논쟁(9)

2) 에녹의 예언(14~15)

3) 세 가지 영원한 것 – 결박(6), 불(7), 생명(21)

8. 내용 분해

A. 주 예수를 위하여 하나님에 의해 지키심 1~2절

B. 믿음으로 지키심 3~4절

C. 심판으로 지키심 5~7절

D. 믿음으로 지키지 않음 8~19절

E. 하나님의 사랑으로 지키심 20~23절

F. 혼란으로부터 지키심 24~25절

요한 계시록

1. 주 제 : 예수 그리스도, 영광의 승리자

2. 중심말씀 : 예수 그리스도의 계시 (1:19~20)

3. 기록연대 및 배경

기록 연대에 대하여는 여러 의견들이 있지만 AD 95~96년에 기록한 것으로 본다.

요한 계시록은 당시 실제 존재하였던 소아시아의 일곱 교회에 보낸 편지다. 그러나 그 당시 교회에만 보낸 편지가 아니라 그 교회들을 통해 세계 만민, 즉 모든 교회에 보낸 계시이기도 하다. • 당시 고난당하던 지도자와 성도들을 위로하기 위한 책이다.

4. 난해한 책

계시록은 성경의 여러 책들 중에 해석하기 가장 어려운 책으로 알려져 있다. 명쾌하게 전권의 성경을 주석한 요한 칼빈 선생이 계시록만큼은 보류하였을 정도로 신중하게 해석해야 할 성경이다. 많은 그리스도인들에게 잘 읽혀지지 않는 성경이지만 그만큼 읽는 자에게 특별한 복이 약속된다 (1:3).

더 깊이 생각하면 사탄의 마지막이 계시된 계시록이 성도들에게 소홀히 여겨진 이유는 분명히 사탄의 계략과 관계가 있다. 단순히 신비스

럽고 이해하기 어렵다고 해서 그냥 지나쳐버린다면 사탄의 계략에 말려드는 것이다. 인간은 과학적 현상이 어렵다고 그냥 지나치지 않는다. 어떻게 하던 밝히려고 연구한다.

5. 특 징

1) **다양한 상징적 표현 :** 두루마리, 나팔, 금대접, 인으로 봉함, 인침, 용, 여인들

2) **교회와 세상의 싸움 :** 계시록에서는 이 세상의 교회가 어떤 영적 싸움을 싸우는가를 보여준다. 이 땅의 교회는 세상으로부터 핍박을 받아 마치 사탄이 승리하는 것처럼 보인다. 하지만 결국에는 예수 그리스도로 말미암아 세상과의 싸움에서 교회가 승리하게 됨을 보여준다. 이는 사탄을 이기신 그리스도께서 배후에 계시기 때문이다.

6. 성경의 처음(창세기)과 마지막(계시록) 비교

창세기	요한계시록
우주의 창조	우주의 사라짐
해달별(인간생활의 필수요소)	해달별 사라지고 영광의 빛 출연
첫째 아담의 결혼	둘째 아담과의 천국 혼인
사탄의 첫 역사	사탄의 멸망
슬픔과 고통의 시작	눈물이 닦이고 기쁨이 있다
저주의 임함	저주의 사라짐
에덴으로부터 추방	새 하늘과 새 땅으로 들어감

7. 계시록에서 보여주는 의미

1) 이 책은 예수 그리스도를 승리자로 묘사하고 있다. 절절이 예수 그리스도를 그린다. 그러므로 누구든지 예수님에 대하여 알고 싶어 한다면 계시록을 읽어야 한다. 특별히 희생당하신 '어린 양 그리스도' 를 26회나 언급한다.

2) 3장 이후에서 부터는 땅 위에 교회에 대하여는 언급이 없다. 4장 이후에는 무시무시한 고난과 마지막 때의 일들과 관련된 말씀을 기록하였다.

3) 주제를 반복적으로 언급하면서 각각의 비유를 사용하고 있다. 일곱 인 → 일곱 나팔 → 일곱 환상 → 일곱 대접 → 마지막 일곱 계시

8. 내용 분해 : 1:19은 세 구분을 보여준다.

A. 네 본 것 〈과거〉

'영광 받으시는 예수 그리스도' 의 밧모섬에 등장 1장

1) 제목 (1:1~3)

2) 사도적 축복 (1:3~8)

3) 영광 중에 나타나신 그리스도 (1:9~20)

B. 이제 있는 일 〈현재〉

'교회의 머리이신 예수 그리스도' 의 일곱 교회에 보내는 편지 2,3장

1) 에베소 교회에 보내는 편지 (2:1~7)

2) 서머나 교회 (2:8~11)

3) 버가모 교회 (2:12~17)

4) 두아디라 교회 (2:18~29)

5) 사데 교회 (3:1~6)

6) 빌라델비아 교회 (3:7~13)

7) 라오디게아 교회 (3:14~22)

C. 장차 될 일 〈미래〉

'승리자이신 주 예수'가 사탄을 멸하심 4~22:5

1) 천국의 하나님과 중보자 예수 그리스도 (4~5장)

2) 교회에 닥친 고난 – 일곱 인이 떼어짐 (6~7장)

• 인 맞은 자와 맞지 않는 자의 구별

2) 세상에 대한 경고 – 일곱 나팔이 울림 (8~11장)

3) 영적 전쟁에 대한 계시 – 일곱 환상을 봄 (12~15장)

① 여자와 용 (12장)

② 짐승 두 마리 (13장)

③ 십사만 사천의 찬양 (14:1~5)

④ 세 천사의 전하는 말 (14:6~13)

⑤ 마지막 수확 (14:14~15)

⑥ 마지막 재난을 가지고 온 천사 (14:17~20)

⑦ 일곱 천사와 일곱 재앙 (15장)

4) 세상에 대한 징벌 – 일곱 대접이 쏟아짐 (16장)

5) 영적 심판 – 바벨론에 대한 심판 (17~19장)

6) 성도들의 승리 – 일곱 환상 (19~21장)

① 어린양의 혼인 잔치 (19:1~10)

② 백마를 탄 자 (19:11~21)

③ 천년왕국 (20:1~6)

④ 사탄의 패망 (20:7~10)

⑤ 백보좌 심판 (20:11~13)

⑥ 새 하늘과 새 땅 (21:1~8)

⑦ 승리자의 처소 새 예루살렘 (21:9~22:5)

D. 마지막 말씀 22:6~21

【 참고자료 】

- Robert Lee, *The Outlined Bible,* Hall Bible School.
- Harold. L., *The Outline Bible,* Willmington.
- 이애실, 「어 ! 성경이 읽어지네!」, 성경방.
- 정문훈, 「신구약 성경도표」, 갈릴리.
- 에드워드 J 영 지음/ 오병세, 홍반식 역, 「구약총론」, 개혁주의출판사.
- 노우호, 「요한계시록」, 하나.
- 노우호, 「성경통독집」, 하나.
- 노우호, 「신구약중간사」, 하나.

성경통독

■
초판 1쇄 인쇄 / 2021년 7월 25일
초판 1쇄 발행 / 2021년 7월 30일

■
지은이/최 한 주
펴낸이/김 수 관
펴낸곳/도서출판 영문
122-070 서울시 은평구 역촌동 10-82
☏ (02)357-8585
FAX • (02)382-4411
E-mail • kskym49@daum.net

■
출판등록번호/제 03-01016호
출판등록일/1997. 7. 24

정가 15,000원
ISBN 978-89-8487-350-6 03230
Printed in Korea